CRIANÇA COM C

OS 5 C'S DO MINISTÉRIO DE CRIANÇAS

LUCAS & JACKELINE HAYASHI

CRIANÇA COM C

OS 5 C'S DO MINISTÉRIO DE CRIANÇAS

PREFÁCIO POR
SARAH HAYASHI

quatro ventos

quatro ventos

Todos os direitos deste livro são reservados pela Editora Quatro Ventos.

Editora Quatro Ventos
Avenida Pirajussara, 5171
(11) 99232-4832

Proibida a reprodução por quaisquer meios, salvo em breves citações, com indicação da fonte.

O texto acha-se de acordo com o Novo Acordo Ortográfco da Língua Portuguesa, assinado em Lisboa, em 16 de dezembro de 1990, aprovado pelo Decreto no. 54, de 18 de abril de 1995.

Diretor executivo: Raphael T. L. Koga
Editora-chefe: Sarah Lucchini
Gestora de Projetos: Acsa Q. Gomes
Revisão: Paulo Cesar de Oliveira
Diagramação: Vivian de Luna
Coordenação de projeto gráfico:
Big Wave Media
Capa: David Chaves

1º Edição: Maio 2017
2º Reimpressão: Maio 2024

Catalogação na publicação
Elaborada por Bibliotecária Janaina Ramos – CRB-8/9166

H413

Hayashi, Lucas

Criança com C: os 5 C's do ministério de crianças / Lucas Hayashi, Jackeline Hayashi; Prefácio por Sarah Hayashi. – São Paulo: Quatro Ventos, 2017.

116 p.; 14 X 21 cm

ISBN 978-85-54167-00-4

1. Crianças. 2. Cristianismo. 3. Bíblia. 4. Liderança cristã. 5. Princípios. I. Hayashi, Lucas. II. Hayashi, Jackeline. III. Hayashi, Sarah. IV. Título.

CDD 248.82

Índice para catálogo sistemático
I. Crianças

SUMÁRIO

INTRODUÇÃO **OS 5 C'S DA EDUCAÇÃO CRISTÃ NO MINISTÉRIO DE CRIANÇAS** 13

MISSÃO E VISÃO DO MINISTÉRIO DE CRIANÇAS ... 19

CAPÍTULO 1 **PRIMEIRO "C": CHAMADO** 29

CAPÍTULO 2 **SEGUNDO "C": CONECTAR** 43

CAPÍTULO 3 **TERCEIRO "C": COMPARTILHAR** 63

CAPÍTULO 4 **QUARTO "C": CORRIGIR** 75

CAPÍTULO 5 **QUINTO "C": CAPACITAR** 93

PLANO DE AÇÃO 105

GERAÇÃO 5.2 113

DEDICATÓRIA

Dedicamos este livro aos nossos filhos Matheus e Bianca que tem sido compreensivos e entendido que precisamos estar ausentes algumas vezes, para cumprir nosso chamado. Vocês são especiais e sem vocês não seríamos uma família feliz.

Matheus e Bianca, nós amamos vocês demais. Vocês voarão alto e estamos preparando o teto onde vocês pisarão.

AGRADECIMENTOS

Primeiramente somos gratos a Deus por ter nos dado a vida, este chamado e esta oportunidade de escrever este livro. Ele é a nossa fonte, refúgio e fortaleza. Somos gratos pelo amor que Ele tem depositado em nossos corações e pela responsabilidade e legado que tem confiado a nós. A Ele toda a glória!

Aos nossos pais que nos ensinaram o caminho que devemos andar e por todo apoio e suporte que sempre nos deram e continuam nos dando.

Aos nossos pastores, pastor Teófilo Hayashi e Dra Sarah Hayashi, que tanto nos incentivam e nos inspiram a andar mais uma milha. Nosso muito obrigado a toda família Monte Sião e principalmente a todos os voluntários da Geração 5.2 que constroem conosco este lindo ministério.

PREFÁCIO

Crianças refletem muitas vezes o lar ou a família de origem. Escrever o prefácio deste livro de Lucas e Jackeline Hayashi é para mim uma honra e alegria. Eu me entusiasmo com o que está acontecendo no Ministério de Crianças Geração 5.2 liderado por este casal querido. Além de este casal ser inteligente e capaz, eles são cuidadosos, tementes a Deus e têm tido resultados maravilhosos não só com seus próprios filhos que amam tanto a estes pais, mas também com as crianças de nossa igreja local.

Escrever um tratado de regulamentos, regras ou teoria, é uma coisa. Outra é escrever o que eles têm vivido e praticado por todos estes anos. As crianças deste ministério têm sido tão firmes e corajosas em suas escolas e entre parentes, ao se posicionar frente a coisas que desagradam a Deus. Posso testemunhar os resultados palpáveis e visíveis da influência que estas crianças têm exercido na vida do dia a dia, nas escolas, festas e viagens, atuando como profetas e profetizas do futuro, através de curas e sinais e maravilhas. Louvado seja o nosso Senhor Deus!

Este livro ajudará a qualquer líder de crianças que desejar ser eficiente e dedicado cuidador dos futuros líderes que ocuparão lugares de destaque e que trarão eficazmente os valores do Reino de Deus aqui na Terra.

Todo o conteúdo desta obra inspirará líderes de crianças a prepararem os futuros profissionais--missionários em todas as sete esferas da sociedade. Esta obra é uma ferramenta para que possam sonhar em ver as gerações vindouras preparando nações e todos os povos para receberem a Jesus Cristo na Sua segunda vinda.

SARAH HAYASHI

Sarah Hayashi, Bacharel e Licenciatura em Letras Anglo--Germânicas pela USP; BA eMA em Teologia pelo Azusa Pacific University: DMP pelo Wagner Leadership Institute em Colorado Springs, USA; fundadora e pastora da Igreja Monte Sião – SP.

INTRODUÇÃO

Os 5 "C" do Ministério de Crianças

O que poderemos fazer em uma ou duas horas por semana com uma criança? É possível trazer transformação para a vida dela neste curto período de tempo? Por muito tempo, a maioria das pessoas acreditava que era impossível proporcionar uma mudança de vida para as crianças apenas durante o tempo em que elas ficavam na igreja. Mas tudo depende de como lidamos com nossas crianças e com seus pais no ministério de crianças.

Sabemos que é extremamente importante e fundamental a participação dos pais na educação cristã da criança. E quanto às crianças que não possuem pais cristãos? O que acontece com elas? Precisamos crer em um Deus onipotente que fará um momento de uma ou duas horas repercutir durante toda uma semana. Mas também é necessário criar estratégias para que tudo o que foi vivenciado e experimentado durante esse período possa ser consolidado e produzir frutos durante a semana e por toda a vida.

Pesquisas relataram que 85% das pessoas que tomam a decisão de seguir a Cristo fizeram isso entre os 4 e os 14 anos de idade[1]. Como é importante o trabalho do ministério de crianças!

E se, além de levarmos a salvação, também levarmos a criança a ter um relacionamento pessoal diário com Deus Pai, Deus Filho e Deus Espírito Santo? E se, além disso, elas conhecerem o propósito e chamado de Deus para a sua vida?

Precisamos oferecer para as crianças uma instrução bíblica de formação, precisamos apresentar-lhes um Deus vivo e uma palavra vivificada, para que elas cumpram com plenitude aquilo que Deus já tem planejado para cada uma delas, não apenas quando forem adultas, mas ainda quando crianças.

O que a nossa cultura secular atual ensina é assustador. Precisamos ter cuidado para que essa cultura não entre nas nossas casas nem nas nossas igrejas. "Tenham cuidado para que ninguém os escravize a filosofias vãs e enganosas, que se fundamentam nas tradições humanas e nos princípios elementares deste mundo, e não em Cristo" (Colossenses 2:8 – NVI).

Nossa cultura ensina as nossas crianças, e a nós também, como se vestir, o que pensar, o que desejar, o que comer ou o que não comer, como falar, como se comportar... A televisão, o cinema, as redes sociais e a

---

[1] The 4/14 Window: Child Ministries and Church Strategies, August, 2005.

internet difundem valores, e isso é feito sob medida, para cada idade, para cada geração. São músicas que permanecem na cabeça por dias, mesmo ouvindo uma única vez. São frases e gestos marcantes que remetem a produtos que prometem trazer felicidade, e cada vez que entramos em um supermercado e paramos diante de uma gôndola nos lembramos deles... Enfim, a mídia está aí para nos influenciar e discipular a sociedade, mas precisamos nos posicionar e entender, de uma vez por todas, que Jesus nos chamou não para nos deixarmos influenciar, mas para sermos influenciadores.

O que a igreja tem feito? O que temos feito, como ministério de crianças, para criar frases bíblicas que sejam facilmente fixadas na memória das crianças ou músicas que não saiam da cabeça delas? O que temos feito para ensinar-lhes valores e princípios que as acompanharão por onde elas forem?

O que temos feito para levantar uma geração de influenciadores nesta sociedade? Quanto tempo temos investido no preparo de material para ser ministrado aos domingos? Quanto tempo temos dedicado a orar por essas crianças, por líderes que têm um chamado, por voluntários que tenham verdadeira paixão por aquilo que Deus está fazendo e irá fazer por meio das crianças?

Uma menina chamada Julia tinha 8 anos e estava sofrendo *bullying* na escola por ser canhota. Ao chegar em casa, ela contou à mãe que os amigos riam dela, mas aquilo não trazia tristeza para o seu coração, que ela não ficou triste quando eles fizeram isso, que uma coisa deixou tudo diferente, e essa coisa foi o fato de ela ter lembrado de João 15.15, que Jesus a chamava de amiga, então nada daquilo era importante para ela.

E onde ela aprendeu sobre João 15.15? Na igreja, naquela uma hora em que esteve sob os cuidados do ministério de crianças! Os pais vieram e agradeceram, pois ela estava conseguindo superar as dificuldades por meio dos ensinos da Bíblia e do relacionamento dela com o Espírito Santo, que a fez lembrar esse versículo.

Precisamos usar a criatividade dada por Deus para criar e montar aulas que marquem a vida das nossas crianças. Precisamos ser ousados, sábios e divertidos para também saber comunicar de forma relevante e atual nos dias de hoje. Precisamos parar de pensar que o espaço das crianças na igreja serve para distrair e apenas entretê-las enquanto os pais recebem mais de Deus! Não! Isso é uma das grandes mentiras que o diabo trouxe para dentro da igreja! Não fomos chamados para distrair crianças, mas para ministrá-las e levá-las à plenitude do seu propósito.

Precisamos usar a imaginação e a criatividade que Deus nos deu. Precisamos ter designers gráficos, ilustradores, contadores de histórias, teólogos, publicitários, todos trabalhando no ou para o ministério de crianças.

Ao mudarmos a visão de que o ministério de crianças não é um *"day care"* nem um centro de "babás gospel", mas é um centro educacional de avivalistas mirins, teremos grandes mudanças nas igrejas e também na sociedade. Precisamos sempre trazer à nossa memória que não existe Espírito Santo Júnior. O Deus que opera nos grandes pregadores e avivalistas é o mesmo Deus que opera nas crianças e por meio delas.

Vamos nos levantar e lutar por nossas crianças, trazer suas mentes cativas às verdades do Reino.

Em Provérbio 22.6, Deus deixa bem claro "O QUE" devemos fazer: ensinar a criança no caminho em que deve andar, mas não deixa claro "COMO" fazer isso. O "como fazer" pode mudar, pode ser de acordo com a época, situação, perfil... Deus tem nos dado a criatividade e estratégias para que o "COMO" não fique desatualizado, mas seja de forma cada vez mais eficiente e eficaz.

Este livro traz as bases necessárias para que possamos desenvolver o "como" ensinar a criança no caminho em que deve andar, para que, quando ela crescer, não se desvie desse caminho! Os 5 "C" são a base necessária para que a gente consiga desenhar um "como" eficaz e intencional.

MISSÃO E VISÃO DO MINISTÉRIO DE CRIANÇAS

Quando falamos em ministério de crianças, pensamos diretamente nas crianças, e indiretamente nas famílias, mas não podemos deixar de pensar que se trata de uma organização com um propósito e objetivos. Se não pensarmos assim, não poderemos ter um objetivo claro de onde queremos chegar com nossas crianças (visão) e também não daremos sentido a nós mesmos e a toda equipe que trabalha com elas, sobre "por que" fazemos e o que fazemos (missão) no ministério de crianças.

MISSÃO

Quando falamos de missão, precisamos responder à seguinte pergunta: o que estamos fazendo e por que estamos fazendo aquilo que fazemos? O que somos como Ministério de Crianças? Qual é o propósito do ministério de crianças?

Muitos ministérios de crianças podem ter como missão entreter ou distrair as crianças, passando tempo e gastando a energia delas, que não é pouca, enquanto os pais participam do culto dos adultos. Outros podem ter como missão fazer obras de caridade, como voluntário, no ministério para aliviar a sua consciência, no que diz respeito a "ajudar o corpo de Cristo". A missão de outros é suprir uma necessidade e falta de pessoas para ajudar o ministério de crianças que está totalmente desfalcado e sem pessoas comprometidas com esse ministério. Existem ainda outros que nem sabem o que estão fazendo ali. Simplesmente "caíram de paraquedas" e, porque foram "mandados" por alguém para ajudar, apenas estão ali com o propósito de obedecer quem os enviou.

O que você faz no ministério de crianças e o motivo pelo qual faz aquilo que faz nada mais é que a missão do ministério de crianças. Porém, algumas vezes essa missão não está explícita para todos os envolvidos. Outras vezes a missão de cada voluntário no mesmo ministério é diferente dos outros. Logo, há uma confusão entre missão e propósitos. E na maioria das vezes não existe de forma clara e explícita essa missão, que deveria ser evidenciada, comunicada pela liderança do ministério de crianças.

Independentemente de "o que" e "por que" você faz no ministério de crianças, é preciso ter a consciência de que as crianças são herança de Deus em nossas mãos. Tenho certeza de que ninguém deixaria de cuidar muito bem de sua herança, ou pelo menos deveria cuidar com muito zelo.

As crianças são o futuro de nossa geração e nação. Elas serão os próximos políticos que regerão nossas cidades, estados e país. Delas surgirão novos artistas, que indicarão as tendências de moda, música e entretenimento do mundo todo. Elas ensinarão em escolas, faculdades e instituições os princípios e valores. Elas influenciarão e serão os formadores de opinião da sociedade. Elas serão os próximos cientistas que vão trazer inovação na ciência, medicina e cuidarão de nossa saúde física e mental. Enfim, elas não são simplesmente crianças, mas são o futuro da nossa nação. O que estamos fazendo com elas? O que e por que fazemos com elas é a nossa missão.

Com essa percepção e consciência daquilo que elas são e serão, aquilo que fazemos no ministério de crianças toma uma nova perspectiva, uma arquitetura de intencionalidade. Só então a nossa missão, como ministério de crianças, será verdadeiramente algo de extrema importância, não apenas para a família ou igreja, mas para uma geração e nação.

Então temos no ministério de crianças uma missão geral, ou aquilo que fazemos com as crianças. E quando falamos em crianças, não podemos deixar de fora a família de cada uma delas. Desse modo, entendemos que a missão do ministério de crianças também é baseada numa parceria com a família, especificamente com os pais. Dentro do ministério de crianças há vários subdepartamentos, ou pelo menos deveria ter, à medida que elas crescem, assim como uma organização tem. Por exemplo, o departamento de criação, departamento de louvor e adoração, departamento de cada idade das crianças e assim por diante, de acordo com a demanda e estratégia estabelecida no ministério de crianças. Cada subdepartamento também deve ter sua submissão, que está dentro de uma grande missão desse ministério.

Quando entendemos "o que" fazemos com as crianças, e não só isso, mas "por que" fazemos, então existirá uma grande diferença em nossa atitude, empenho e compromisso, em comparação quando não temos a consciência de "por que" estamos fazendo. Isso precisa ser passado para toda a equipe que trabalha com as crianças, para tornar o ministério de crianças um local cheio de intencionalidade e com um olhar não somente de longo prazo, mas com um olhar de legado e eternidade, assim como Deus olhou para cada um de nós com grande expectativa para que carreguemos o DNA do Reino dos céus aqui na terra e assim transformemos a realidade à nossa volta.

O ministério de crianças deve ser embasado em "por que" fazemos aquilo que fazemos com as crianças. Esse é um excelente ponto de partida para qualquer ministério. Mesmo que o ministério de crianças da sua igreja já exista há algum tempo, é bom rever esse conceito e pedir a Deus sabedoria para definir e entender qual é a missão dele.

Será que os pais também têm a noção da importância de sua missão? Como pais, somos chamados para ensinar e instruir ("Filho meu, ouve o ensino do teu pai e não deixes a instrução de tua mãe" – Provérbios 1.8; "O filho sábio ouve a instrução do pai, mas o escarnecedor não atende à repreensão" – Provérbios 13.1), repreender ("Porque o Senhor repreende a quem ama, assim como o pai, ao filho a quem quer bem" – Provérbios 3.12); corrigir ("Corrige o teu filho, e te dará descanso, dará delícias à tua alma" – Provérbios 29.17); criar na disciplina e admoestação do Senhor ("E vós, pais, não provoqueis vossos filhos à ira, mas criai-os na disciplina e na admoestação do Senhor" – Efésios 6.4).

Embora tenhamos falado até agora da missão, às vezes fica mais claro falar dela quando se tem estabelecido a visão, ou seja, aquilo que você projeta para o ministério de crianças, aquilo que você enxerga para sua criança daqui a cinco, dez, vinte anos e assim por diante. Quando sabemos onde queremos chegar com as crianças ou onde queremos que elas estejam e o que se tornem daqui alguns anos (visão), então seremos muito mais intencionais naquilo fazemos (missão) hoje no ministério de crianças e também como pais e mães, para construir nelas um estilo de vida para que atinjam aquilo que Deus deu como visão para as crianças.

VISÃO

A visão nada mais é do que a forma como enxergamos o ministério de crianças e as crianças que passam por ele daqui alguns anos. Qual é a perspectiva, a projeção que você tem para elas daqui a cinco, dez e vinte anos?

Provérbios 29.18 diz que onde não há visão, o povo se desvia, perece ou se corrompe. Se tivermos uma visão onde queremos chegar com as crianças, e principalmente quando enxergamos através da óptica de Deus, não vamos perecer na nossa cultura, na cultura do Reino, que é implementada nos dias de hoje. Não pereceremos nos conceitos morais, não pereceremos nas finanças nem espiritualmente. Enfim, precisamos enxergar como Deus enxerga cada criança: como um grande potencial que pode ser cultivado e atingido por meio de nossa vida.

Quando essa visão de que elas serão os futuros líderes da nossa nação está muito clara – e quando se fala de líderes, isso significa que elas serão pessoas que vão influenciar e transformar a sociedade –, então a nossa atuação hoje (missão) se torna muito mais desafiadora, porém muito mais inspiradora para trabalhar, com muito mais intenção na construção do caráter, do sonho e na identificação do chamado específico de cada criança que passa por esse ministério.

Quando a visão é estabelecida e passada para todos os voluntários do ministério de crianças, assim como também para os pais, as nossas energias deixam de ser "gastas" e passam a ser investidas no longo prazo. Logo, a motivação da equipe é intrínseca e não será apenas um otimismo extrínseco, que é manipulado por meio de palestras e barganhas motivacionais. Desse modo, a consolidação de uma equipe concisa e altamente eficiente para o ministério de crianças deve ser guiada pela visão que temos das crianças e também do chamado específico de cada voluntário, mesmo que por tempo

determinado, dentro do ministério de crianças.
Quando falamos de visão, falamos sobre o futuro, sobre gerações e sobre legado. A mentalidade do Reino de Deus é geracional. Ela não é imediatista ou apenas em curto, médio ou longo prazo, mas a mentalidade do Reino é de eternidade a eternidade. O que fazemos hoje reflete na eternidade, não apenas a nossa e de nossas crianças, mas de muitas pessoas as quais essas crianças influenciarão.

Por isso, ter visão é algo do Reino de Deus. É preparar as crianças para algo muito maior do que já vivemos ou experimentamos, e muitas vezes nem mesmo nós vamos colher o que estamos plantando hoje. Mas se pensarmos somente naquilo que nossos olhos podem ver, então temos uma visão pequena e curta em comparação com aquilo que Deus pode fazer nas crianças e por meio delas.

Assim como muitos personagens da Bíblia tiveram promessas e visão, mas nem todos chegaram a ver, aqui na terra, o resultado final daquilo que plantaram, regaram e cuidaram, nós também precisamos ter essa mentalidade do Reino e deixar um legado para as próximas gerações.

Como você enxerga as suas crianças e o ministério de crianças no futuro, um futuro no qual talvez você nem esteja presente? Alinhe a visão do ministério de crianças com a visão da sua igreja local e comece a trabalhar em cima disso! Tendo uma visão de Reino, automaticamente você alinhará a missão e será mais intencional em tudo o que for fazer e trabalhar com as crianças.

Tenha uma visão que aqueça seu coração, a ponto de, ao transmiti-la para as pessoas, o coração delas também fique ardendo de paixão! A visão precisa inspirar e gerar paixão!

PRIMEIRO C: CHAMADO

CAPÍTULO 1

Chamado para lidar com crianças tem a ver com legado, com herança e com abnegação.

〰️

Quando falamos sobre chamado, falamos sobre dois "chamados": o chamado dos voluntários e o chamado das crianças.

Um dia, em casa, eu estava conversando com o Lucas, meu esposo, sobre a vontade de iniciar um trabalho nos hospitais ou em orfanatos, para ter contato com outras crianças, além das crianças da igreja. Comecei a falar sobre a minha preocupação com as crianças que estavam sofrendo ou foram abandonadas, no caso dos orfanatos. Ele ficou me ouvindo falar sobre toda a minha angústia, então me fez uma pergunta bem simples: "A que horas você vai fazer isso?". Como eu pensaria em fazer, já que tínhamos tantas coisas para fazer com relação ao ministério de crianças, mas muitas vezes não tínhamos tempo suficiente para fazer tudo? Foi quando o Matheus, meu filho, que na época tinha sete anos, disse: "Mamãe, qual é o seu chamado? O que Deus chamou a senhora para fazer?". Naquele momento fiquei paralisada! Respondi que um dos meus chamados era levantar ministérios de crianças e ajudar as igrejas a entenderem a importância das crianças. Então ele disse: "Mamãe, então a senhora vai fazer algo que não é o seu chamado. E se a senhora trabalhar em outro chamado, tomará o lugar de quem tem chamado, trabalhar!".

Fiquei chocada! Quanta sabedoria saindo da boquinha de uma criança de sete anos! Uau! Eu e o Lucas ficamos olhando para ele, então eu disse: "Matheus, verdade! Podemos orar para que Deus levante as pessoas que tem chamado para orfanatos e hospitais para que acordem e você pode orar por mim, para que eu foque no chamado que Deus me deu". Embora a minha intenção fosse boa, se não foi para isso que Deus me chamou, posso terminar não sendo fiel ao chamado que Deus me deu naquele momento.

Entendi que, ao sabermos exatamente qual é o nosso propósito de vida ministerial, pessoal e familiar, podemos trabalhar com mais objetividade e consciência, não nos deixando levar pelas circunstâncias nem nos deixando esmorecer pelas dificuldades. Mas permanecendo firmes naquilo que Deus nos pediu. E claro que, com o passar do tempo, Deus pode nos direcionar para cumprir novos chamados ou atuar em novas áreas, por isso é tão importante ter intimidade com Deus e está sempre conectado com Ele.

Se Davi não tivesse um relacionamento íntimo com Deus, falaria para Samuel que não poderia ser rei porque era pastor, ou não poderia lutar com um gigante porque um dia seria rei. Não! Davi tinha um relacionamento tão íntimo com Deus que entendia que cumprir chamado tinha tudo a ver com ter um coração obediente a voz dEle.

Hoje nós temos, na Geração 5.2, uma equipe voltada apenas para a área social, com pessoas com chamados, focadas em levar o Reino de Deus nos orfanatos e hospitais. E eu posso dar todo o meu suporte e encorajamento para eles, incentivando e celebrando ao máximo cada passo que dão. Deus é fiel e ouviu o clamor do meu coração, e mais e mais pessoas estão se unindo para levar Jesus a esses lugares!

Quando comecei a trabalhar com crianças, ficava chocada com a escassez de pessoas específicas para o ministério de crianças e a necessidade de ajuda que o ministério requeria. Parecia que sempre precisávamos implorar para alguém nos ajudar. Muitas pessoas ajudavam de bom coração, por entender a questão da necessidade, mas pouquíssimas estavam ali por entender que era um chamado e um propósito.

Isso nos incomodava bastante e incomodava também as três pessoas que estavam na liderança do ministério de crianças junto comigo e com o Lucas. Era uma rotatividade muito grande de pessoas entrando e saindo do ministério, uma falta de compromisso de boa parte da equipe e falta de entendimento da importância dos momentos com as crianças. Enfim, até que um dia começamos a fazer uma oração muito audaciosa. Pedimos a Deus para retirar as pessoas que não tivessem chamado para crianças, que não entendessem o chamado e não eram compromissadas com o ministério de crianças. Não queríamos mais pedir ajuda de pessoas para cobrir uma demanda, mas iríamos esperar o tempo em que teríamos mais pessoas compromissadas e com chamado, querendo trabalhar no ministério de crianças, além da real necessidade. E que um dia haveria tantas pessoas compromissadas e com chamado que seria até necessário um processo seletivo para trabalhar no ministério de crianças. E esta oração parecia algo surreal aos nossos próprios ouvidos, mas havia muita fé! Havia a certeza de que Deus amava muito o ministério de crianças e queria que uma ruptura acontecesse ali. Que o tempo de mendigar ajuda havia acabado e um novo tempo com propósito e chamado estava para nascer.

Naquela semana, seis pessoas pediram para sair do ministério de crianças. Imediatamente, ficamos perplexos! Como assim? Não! E agora? Até que ouvimos uma voz doce e singela falando ao nosso coração: "Não foi isso que vocês pediram? Calma, tudo vai ficar bem!".

Mal podíamos acreditar! Nossa oração foi atendida e aquilo estava acontecendo mesmo! Mas onde estavam as pessoas que tinham chamado? Demorou um pouco, ficamos um tempo bem apertados e sobrecarregados, mas permanecemos firmes na certeza de que Deus traria as pessoas certas para trabalhar conosco. Estávamos posicionados, não aceitando qualquer pessoa querendo "ajudar" por uma necessidade e não por um propósito e chamado.

E Deus foi fiel, como sempre é! Foi fiel às crianças, aos corações dispostos a fazer a obra d'Ele e foi fiel à promessa que Ele havia nos dado.

Hoje estamos vivendo a concretização das orações que foram feitas há mais de oito anos. Atualmente, como ministério de crianças, temos um processo seletivo para entrada de voluntários. Temos um grupo de voluntários que cresce a cada mês com corações ardendo por seus chamados e propósitos específicos para crianças.

Que alegria ser fiel a um chamado! Que alegria viver um chamado e ver chamados serem avivados no coração dos voluntários e das crianças. É muito mais leve e alegre vivermos por um chamado e propósito do que vivermos por uma necessidade.

Chamado dos Voluntários do Ministério de Crianças

Hoje vivemos uma realidade em que temos pessoas com chamado para relações públicas, para publicidade e demais áreas que também têm chamado para o ministério de crianças e atuam nessas áreas dentro desse ministério.

No ministério de crianças pode haver vários tipos de chamado. E chamado não tem nada a ver com gostar de crianças. Você pode gostar de crianças, mas que crianças? Seus filhos, sobrinhos, filhos de amigos, crianças que são carinhosas e obedientes? Será que você tem chamado para amar uma criança que morde, xinga, grita, e desobedece você? Será que o seu chamado é suficientemente forte para ficar exausto física e emocionalmente, mas mesmo assim sair feliz e grato depois de um dia lidando com todos os tipos de criança?

Muitas pessoas fogem de conflitos com adultos para se esconderem atrás das crianças e do ministério de crianças. São inseguras, não conseguem liderar adultos nem a si mesmas ou são fragilizadas, carentes e precisam de abraços e beijos. Por não conseguirem a atenção dos adultos, acabam procurando o ministério de crianças, pois as crianças dão atenção, sabem dar abraços e beijos. Porém, isso não é chamado nem o propósito correto para estarem no ministério de crianças.

Infelizmente, muitos líderes enviam pessoas que são novas convertidas para ajudar o ministério de crianças pensando que, já que são crianças, não vão notar que elas não sabem muito bem a Bíblia e se cometerem algum erro nem vão perceber. Outros acham que o ministério de crianças é como um lugar de estágio, onde se podem cometer erros, pois são crianças e não vão julgar você, e assim você não vai se sentir mal. Pior ainda é quando uma pessoa que não se "encaixa" em nenhuma área da igreja, e tem tantos problemas pessoais, espirituais e na alma que precisam ser resolvidos é enviada para o ministério de crianças, como se este fosse um depósito de coisas inutilizáveis. Chega de tratar o ministério de crianças como algo sem valor e sem prioridade! Esse ministério deve ser tratado com prioridade, zelo e muito temor, pois o Reino dos céus é das crianças.

O chamado para lidar com crianças tem que ir muito além de gostar delas, tem a ver com enxergar a capacidade que cada uma carrega, com a disposição de plantar sementes que, muito provavelmente, não iremos ver germinar e muito menos colher os frutos; é ter um amor incondicional à obra que o Espírito Santo pode fazer na vida delas, nas casas e na sociedade, com uma mentalidade do Reino, de eternidade.

O chamado para lidar com crianças tem a ver com legado, com herança e com abnegação. Por isso, antes de dizer que gosta de crianças, pense por que você gosta de crianças ou por que gostaria de trabalhar no ministério de crianças.

Temos, como ministério de crianças, o hábito de sempre pedir para as pessoas que se candidatam e se interessam em trabalhar com as crianças que tenham uma palavra de Deus. Essa palavra fará com que ela permaneça nos momentos difíceis e de crises.

Jesus disse que passaríamos por aflições, por crises e por estações em que não veríamos frutos. Mas quando sabemos que Deus nos chamou, mesmo diante das tribulações, teremos esperança n'Ele e uma atitude positiva, sabendo que as tribulações e crises estarão nos fortalecendo, forjando nosso caráter e dando crescimento como pessoas e como ministério.

Cada voluntário também precisa ter o seu chamado desenvolvido dentro do ministério de crianças. Ele precisa ser pastoreado e acompanhado. Aí entra o papel da liderança e líderes do ministério de crianças, como pastores que vão cuidar de cada um deles, dando conforto, mas também o confronto em amor para gerar ainda mais crescimento e frutificação dentro do seu chamado.

Um voluntário não deve entrar no ministério de crianças para ajudar a construir um ministério apenas, mas também para ter seu chamado desenvolvido e aperfeiçoado, para encontrar ali cuidado e pastoreio, para encontrar no ministério de crianças um lugar seguro para crescer e se desenvolver de forma sustentável. E este é um dos grandes papéis do líder com o voluntário.

Se um voluntário se sente instigado, crescendo e é acompanhado e desenvolvido no seu chamado, automaticamente ele estará ajudando no desenvolvimento do ministério de crianças com coração grato e alegre.

Um ministério de crianças de sucesso é aquele que tem crianças felizes, crescendo no relacionamento com Deus, pois tem uma equipe com propósito e com chamado específico para crianças.

Nosso chamado como voluntários tem tudo a ver com a grande comissão de Marcos 16.15 – "E disse-lhes: Ide por todo o mundo e pregai o evangelho a toda criatura." Precisamos pregar o evangelho para as crianças. Não podemos permitir que crianças permaneçam vindo domingo após domingo e não terem a oportunidade de serem salvas. Elas podem aprender muitas histórias Bíblicas e, mesmo assim, continuarem sem salvação.

Nosso chamado também está diretamente relacionado com Mateus 28.19-20 - "Ide, portanto, fazei discípulos de todas as nações, batizando-os em nome do Pai, e do Filho, e do Espírito Santo; ensinando-os a guardar todas as coisas que vos tenho ordenado." Nossas crianças precisam ser discipuladas, se tornarem cada vez mais parecidas com Jesus, ainda quando crianças. As atividades precisam ter como objetivo o discipulado delas. Precisamos ensina-las a guardarem a Palavra de Deus dentro dos seus corações.

Quanto mais cedo entendermos nosso chamado, mais rápido seremos ativados no propósito e então poderemos ser intencionais em produzir e frutificar.

Chamado das Crianças

Todos têm um chamado. Jesus nos deixou um chamado geral em Mateus 28.19 e Marcos 16.15; e esse chamado também é para as crianças. Será que temos instigado elas a pregarem o evangelho? Será que temos falado sobre a importância delas serem e formarem discípulos de Cristo? Será que temos ajudado as nossas crianças a terem o caráter e as obras de Cristo?

Infelizmente, muitos gastam a vida inteira descobrindo o seu propósito e chamado, ficando com pouco tempo para cumpri-los. Uma vez um pregador disse: "Não quero ter mais tempo para descobrir meu chamado, mas quero ter mais tempo para ver os frutos que o meu chamado causou". Essa afirmação foi muito sábia, e nós também deveríamos querer ajudar as crianças a descobrir seu chamado.

Sabemos que todos somos chamados para sermos bênção para que outros sejam abençoados, que somos chamados para adorar e glorificar a Deus. Mas tudo isso é um chamado generalista. Cada um tem de descobrir onde e como vai ser bênção para poder abençoar as nações, onde e como cada um vai adorar e glorificar a Deus de forma específica.

Na maioria das vezes, o chamado está relacionado com os talentos naturais, gostos, habilidades, paixões e sonhos. Sendo assim, temos de ajudar as crianças a descobrir quais são seus talentos naturais, racionais, emocionais. Quais são seus gostos, inclinações, habilidades. Quais são suas paixões, o que as move a fazer algo com gosto e com vontade. Quais são os sonhos delas.

Quando deixamos as crianças se desenvolverem em suas capacidades, habilidades e talentos, além de ajudarmos a se expressarem da forma delas, ajudamos a florescer cada vez mais os seus sonhos, tendências, gostos e habilidades, ajudando-as assim a descobrir seu chamado e propósito.

Há crianças que já nascem com dom para artes. Elas pintam, desenham, cantam como gente grande.

São habilidades que Deus colocou nelas para um propósito específico e podem ser talentos, que são como veículos que podem levar ao maior chamado delas. Como o rei Davi, que tocava sua harpa de forma tão bela e excelente, que foi chamado para tocar para o rei Saul. E foi assim que ele ficou conhecido por Saul, por meio de seu dom de tocar um instrumento.

Mas foi na guerra, e pela obediência ao seu pai, que Davi chegou à linha de frente da guerra e viu Golias afrontando o povo de Israel. E Saul, sabendo que Davi estava lá, mandou chamá-lo (1 Samuel 17.31). Mas se Saul não tivesse conhecido Davi por meio de seu dom musical, talvez nunca o chamasse e assim nunca o tivesse deixado lutar contra Golias. Então, vemos que seu dom musical foi um veículo para posicioná-lo no seu chamado e reconhecimento público, que foi derrotar os filisteus. E foi assim que Davi foi reconhecido publicamente em seu chamado.

Nosso papel como voluntários e líderes de crianças é ajudar as crianças a descobrir seus dons e talentos, para que elas os desenvolvam, levando-as aos seus grande chamados e propósitos.

No nosso mundo atual, precisamos de soluções para diversas áreas da sociedade: na política, governo, economia, educação, ciências, artes, entretenimento, comunicação, mídias, etc. E sabemos que, futuramente, cada criança estará inserida em alguma dessas esperas. Ali ela poderá ser uma grande influenciadora e causar uma transformação. Mas para isso ela precisa descobrir qual é o seu chamado específico, onde Deus quer usá-la e da maneira que Ele quer usar.

Dois anos atrás fizemos uma atividade com as crianças onde elas teriam tempo para ouvir de Deus o que Ele tinha para o futuro dela, pois se Ele as criou, Ele era a melhor pessoa para dizer quem elas seriam.

No domingo seguinte um pai nos procurou e disse que precisava falar conosco. Ele disse que sua filha Sofia passara a ser uma outra criança desde o domingo anterior. Ele disse que ela estava mais estudiosa que nunca. Disse que no domingo passado ela tinha ouvido a voz audível de Deus dizendo para ela que ela seria médica e que lideraria os Médicos sem Fronteiras. Hoje a Sofia tem 13 anos e continua com a certeza que será médica e que será uma agente de transformação dentro dos Médicos sem Fronteira.

Cremos que cada criança é como uma semente de avivamento que pode ser desenvolvida e produzirá muitos frutos.

As crianças são sementes com potencial de transformação aqui na terra, e nós as temos em nossas mãos! Nosso papel é plantá-las, cultivá-las, regá-las, protegê-las e acobertá-las com o amor de Deus para que atinjam o máximo de seu potencial dentro do seu chamado.

SEGUNDO C: CONECTAR

CAPÍTULO 2

Conectores trazem um Deus vivo para as crianças, não apenas contam histórias sobre Ele.

〰️

Hoje vivemos em um mundo totalmente conectado, pessoas conectadas a outras através de redes sociais e da mídia. Hoje, qualquer informação tem a facilidade de ser repassada. É muito mais fácil a comunicação hoje do que a 10 anos atrás. E olhe que 10 anos não é muito tempo. Mas também pesquisas mostram que as pessoas estão sofrendo cada vez mais de depressão, sentem-se sozinhas, vivendo em um mundo totalmente conectado, mas também totalmente desconecto. Parece meio ambíguo, mas não é?

Hoje os relacionamentos são superficiais! Pessoas não se envolvem umas com as outras, você pode ter 1000 amigos em uma rede social e nenhum amigo para quem possa contar um problema.

O pior de tudo isso é que este problema de relacionamentos superficiais tem afetado nossas famílias! Temos visto famílias onde ninguém conhece verdadeiramente ninguém. Onde filhos conseguem se abrir para estranhos, mas não conseguem se abrir para os da própria casa. Famílias separadas dentro de uma mesma casa. Hoje temos muitas casas, mas poucos lares.

A igreja também, aos poucos veio absorvendo esta cultura do superficialismo, principalmente como relação as crianças. Elas já não eram ouvidas antes, e agora? Imagine agora que é tão fácil ceder um aparelho celular e esquecer da criança ali, viciada em jogos, filmes e bate-papos.

Precisamos retroceder um pouco e entender onde foi que erramos. Onde foi que demos um passo errado em direção a outro caminho. Erramos quando esquecemos do coração! Erramos ao lidar com mudanças de comportamento, mas sem ter a mudança nas vontades e desejos.

Perdemos nossas crianças ao esquecermos de nos conectarmos com elas, para que elas tivessem com quem se abrir, contar suas histórias e compartilhar seus medos. Erramos quando fizemos nossas crianças se calarem, emudecerem e apenas acenarem com a cabeça que estavam entendendo tudo (quando muitas vezes não estavam entendendo nada).

Jesus foi muito claro na grande comissão – fazei discípulos!

> E disse-lhes: Ide por todo o mundo, pregai o evangelho a toda criatura. Quem crer e for batizado será salvo; mas quem não crer será condenado. (Marcos 16.15-16)

Fazer discípulo não é como fazer uma comida, roupa, brinquedo ou qualquer coisa. Não é algo simples, onde se reúne os ingredientes, pega-se a receita e dedica-se 2h, então depois tem-se um discípulo pronto. Fazer discípulo precisa de conexão! Precisa de tempo de convivência! Precisa conhecer e se deixar ser conhecido.

É nesse ponto que entra a importância do coração! Somo chamados para conectar corações! Conectar o nosso coração com Deus, o nosso coração com o coração dos nossos discípulos e o coração dos nossos discípulos ao coração de Deus.

A Bíblia trata o coração como sendo o centro das emoções e pensamentos. Em Mateus 9.4 diz: "Jesus, porém, conhecendo-lhes os PENSAMENTOS, disse: Por que cogitais o mal no vosso CORAÇÃO?"

Em Hebreus 4.12 diz: "Pois a palavra de Deus é viva e eficaz, e mais afiada que qualquer espada de dois gumes; ela penetra até o ponto de dividir alma e espírito, juntas e medulas, e julga os pensamentos e as intenções do coração".

De acordo com a Bíblia, o coração é o lugar onde pensamos, onde sofremos, onde questionamos, onde buscamos respostas, onde sentimos medo e angústia. É do coração de onde procedem as fontes da vida (Provérbios 4.23).

É no coração que os caminhos são traçados. Provérbios 16.9 – "Em seu coração o homem planeja o seu caminho, mas o SENHOR determina os seus passos".

Do coração surgem os pensamentos maus. Marcos 7.21-22 – "Pois do interior do coração dos homens vêm os maus pensamentos, as imoralidades sexuais, os roubos, os homicídios, os adultérios, as cobiças, as maldades, o engano, a devassidão, a inveja, a calúnia, a arrogância e a insensatez".

Conhecer o seu coração, o que há nele e o que precisa ser restaurado é o primeiro passo para o seu sucesso pessoal e do seu Ministério, seja o de Crianças ou qualquer outro.

Precisamos estar constantemente sondando e pedindo a Deus para sondar o nosso coração, para que possamos ser mais e mais intencionais no nosso agir, refletindo a glória de Deus por onde estivermos e para quem estiver perto de nós.

TRES CORAÇÕES ENVOLVIDOS

Para conectarmos o coração das crianças ao coração de Deus, precisamos estar com os nossos corações conectados com o do Pai, precisamos conhecê-lo de ter experiências com Ele, não conhecer de ouvir falar.

Muitas pessoas passam a ideia de um Deus voraz, pronto para se vingar, irado e duro, pois é assim que eles O veem. Por isso, precisamos ter muito cuidado, para não ensinarmos as crianças a respeito de outro Deus, não o verdadeiro Deus.

Uma vez, no nosso Ministério de Crianças, escolhemos o tema para um dos meses daquele ano que era: "Deus é sempre bem-humorado!"

Nunca imaginamos que daria tanto trabalho preparar este material. Não por falta de revelação, mas por ter que, primeiro, quebrar paradigmas nos voluntários. Foi demorado para eles entenderem que Deus está sempre bem-humorado. (Talvez seja para você agora também! Então, que tal parar um pouco e refletir sobre isso?). Sim! Deus está sempre bem-humorado! Ele é uma pessoa bem-humorada! O bom-humor veio d'Ele, originou d'Ele.

1. O CORAÇÃO DE DEUS

Nossas crianças precisam conhecer o Deus de amor, que disciplina com amor, que cuida, que consola, que pensa nelas com amor, que tem planos de vida e não de morte...

Como você vê o seu Deus? Como o seu Ministério de Crianças mostra Deus para as crianças?

Conheça Jesus e você conhecerá Deus!

Se vós me tivésseis conhecido, conheceríeis também a meu Pai. Desde agora o conheceis e tendes visto. (João 14.7)

Somos chamados para sermos seus imitadores!

Portanto, sejam imitadores de Deus, como filhos amados, e vivam em amor, como também Cristo nos amou e se entregou por nós como oferta e sacrifício de aroma agradável a Deus. (Efésios 5.1)

Precisamos ter muito cuidado para nunca abandonarmos a verdade de "FILHOS AMADOS", pois tentar imitar Deus sem a perspectiva de filho amado pode levar no sentido oposto que se deseja, que foi o que aconteceu com Lúcifer:

> Tu dizias no teu coração: Eu subirei ao céu; acima das estrelas de Deus exaltarei o meu trono e no monte da congregação me assentarei, nas extremidades do Norte; subirei acima das mais altas nuvens e serei semelhante ao Altíssimo. (Isaías 14.13-14)

A consciência de que somos filhos amados e não órfãos é o primeiro passo para a caminhada do conhecer a Deus. E esta caminhada nunca vai ter fim, pois Deus tem infinitas facetas para serem conhecidas!

Como devemos mostrar Deus para as crianças?

Vamos estudar Salmos 103.8-13

> O SENHOR é misericordioso e compassivo; longânimo e assaz benigno. (vs.8)

A palavra "Misericordioso" tem sua origem na palavra *"racham"* que significa amar, amar profundamente, ter compaixão. Quantas vezes precisamos demonstrar compaixão por crianças que parecem ser difíceis? Cuidar de crianças fáceis, é fácil; cuidar de crianças difíceis, é um desafio delicioso! É uma oportunidade de ver algo sendo transformado pelo poder do amor.

A palavra "Compassivo" tem sua origem na palavra "*chanan*" que significa ser gracioso, mostrar favor, ser piedoso. Muitas vezes precisamos usar de muita piedade com as crianças.

A palavra "Longânimo" é a palavra original "*arek*", que significa paciente, tardio em irar-se. Acredito que este é um dos pontos principais quando falamos sobre crianças. Tanto pais como voluntários do Ministério de crianças, precisam ser cheios de paciência! E quanto mais pedimos por paciência, mas Deus nos dá oportunidade de exercer paciência. Se você tem uma criança hiperativa ou com comportamento difícil, agradeça a Deus a oportunidade de você exercer a paciência!!!

"Assaz benigno" significa muito bom! "Benigno" é a palavra original "*checed*" que significa bondade.

Temos mostrado misericórdia, somos bondosos, capazes de perdoar aquelas crianças que nos xingam e nos batem? Paramos para ter tempo para conhecer o sofrimento da criança? Nos preocupamos com elas?

O Deus que você conhece compartilha do seu sofrimento? Você vê Deus como um Deus misericordioso e cheio de amor, ou um Deus iracundo, pronto para corrigir?

> Não repreende perpetuamente, nem conserva para sempre sua ira. (vs.9)

Até quando dura a ira do seu Deus? Até quando dura a sua ira para com uma criança difícil?

> Não nos trata segundo os nossos pecados nem nos retribui consoante as nossas iniquidades. (vs. 10)

Você associa as dificuldades da sua vida a algo errado que você fez? Pois Deus não nos trata conforme os nossos pecados e nem nos retribui conforme as nossas iniquidades (palavra original "*avon*", que significa perversidade, depravação, culpas...)!

E você? Como é o Deus que você reflete? Quando você se depara com uma criança difícil, você a retribui conforme as iniquidades dela ou consegue pedir a Deus para vê-la com os olhos dEle? Consegue trazer palavras de encorajamento e declarações de vida sobre ela? Você consegue chamar a existências coisas que não existem na vida das crianças difíceis?

> Pois quanto o céu se alteia acima da terra, assim é grande a sua misericórdia para com os que o temem. (vs.11)

Como vocês ensinam o amor de Deus? Você tem consciência de quão grande amor Ele tem por nós? Quanta misericórdia Ele tem disponível para aqueles que temem a Ele?

Quanto dista o Oriente do Ocidente, assim afasta de nós as nossas transgressões. (vs.12)

Como vocês tem ensinado sobre o perdão? Como você tem visto o perdão de Deus? Tem algo que você precisa perdoar a si mesmo? Tem algo que você não consiga enxergar o perdão de Deus?

Como um pai se compadece de seus filhos, assim o SENHOR se compadece dos que o temem. (vs.13)

Assim como a palavra "misericordioso", "compadecer" também é traduzido do hebraico "*racham*", que significa amar profundamente, ter misericórdia.

Você tem se perdoado? Tem algo em você que precisa que você se perdoe? Pois Deus é compassivo!

LEMBRE-SE: O Deus que você conhece, será o Deus que você mostrará!

2. O CORAÇÃO DO MINISTÉRIO DE CRIANÇAS

O Ministério de crianças é formado por toda uma equipe, que precisa ser pastoreada, cuidada e discipulada, para que o coração de cada pessoa reflita as verdades bíblicas ensinadas. Antes de ensinar, os voluntários precisam ter vivenciado aquelas palavras, elas precisam ter vida.

No último capítulo deste livro vamos falar sobre capacitar, lá falaremos sobre como capacitar os voluntários e como trazer para eles os ensinamentos necessários para a ministração da aula.

Em Salmo 34.8-11 diz: "Oh! Provai e vede que o SENHOR é bom; bem-aventurado o homem que nele se refugia. Temei o SENHOR, vós os seus santos, pois nada falta aos que o temem. Os leõezinhos sofrem necessidade e passam fome, porem aos que buscam o SENHOR bem nenhum lhes faltará."

Precisamos chamar as nossas crianças para provarem que o SENHOR é bom; elas precisam ver a bondade de Deus em nós e através de nós.

Precisamos guardar o nosso coração e ajudar as crianças a guardarem os corações delas. Guardar para que não entre nada que venha contaminar seus pensamentos, guardar da raiva, angústia, preocupações, inseguranças, rancor, falta de perdão, medos, mentiras....

A nossa reação diante dos problemas, surpresas e crises do dia-a-dia faz toda a nossa teologia real? O que fazemos ou a forma como reagimos durante uma aula pode ensinar mais do que as histórias que contamos.

Entenda você! Questione suas ações, reações e sentimentos!

3. CORAÇÃO DA CRIANÇA

Muitas vezes o comportamento de uma criança é reflexo do que está em seu coração.

Não fomos chamados para mudar comportamento, fomos chamados para cuidar de corações. Fomos chamados para trazer a verdade para os corações das crianças, para que estas verdades reflitam em suas ações.

É bem mais fácil corrigir uma ação, é mais difícil lidar com um coração.

Somos chamados para ajuda-las a guardar seus corações em Deus; para ajuda-las a encher os corações de verdades e certezas, de amor e temor a Deus e da identidade dada por Deus para cada uma.

Precisamos estar conectados as crianças, para que possamos entender suas experiências e lutas diárias, e então trazer essas experiências e mostrar à luz da Bíblia, maneiras práticas, viáveis e de sucesso para lidar com essas situações. Precisamos trazer histórias, versículos e músicas para elas associarem à sua vida diária.

SOMOS CONECTORES!

CONECTORES BRINCAM

O que as crianças mais amam fazer? Com certeza é estar junto!! Brincando, conversando, ouvindo e contando histórias! Não existe criança que não goste disso; e se existe, você pode estar diante de alguma criança com algum problema.

E por que não brincamos com elas?

Por que nos colocamos em uma posição distante, de quem está ali para ensinar, para mostrar algo que elas não conhecem, para mostrar o quanto somos superiores e mais inteligentes?

Não! Se somos intencionais e queremos nos conectar a elas, precisamos brincar com elas! Sentar e brincar! Assim iremos ganhar a atenção, amor e afeto delas.

Como é importante ter um tempo para brincadeiras! O tempo na igreja não pode ser associado com o tempo na escola! Elas não vão para a igreja apenas para aprender, elas vão para a igreja para se conectarem! Para entenderem o que é comunhão entre irmãos! E como crianças criam comunhão uma com as outras? BRINCANDO!!!

Precisamos sempre separar um tempo que temos com elas para brincamos com elas e deixar elas brincarem entre si!

Se você tinha a idéia do Ministério de Crianças como uma escola, gostaria de te dar um desafio, quebrar essas idéias da sua mente e trazer algo novo no lugar.

As crianças irão associar o Ministério de crianças ou a escola ou a família? O que você deseja??? Família!! Claro! Elas precisam entender que somos uma família, não uma escola.

Um dia uma voluntária ficou pintando com uma menina, ensinando ela a desenhar e fazer figuras no papel. Depois de um tempo, a menina começou a contar para a voluntária algumas coisas que a estava chateando. Pronto! Coração aberto, terra fértil e uma boa semente para ser lançada. Aquela voluntária pegou aquela terra boa e plantou uma linda semente! Ela orou com aquela criança! Ministrou a vida dela! Algo novo tinha acabado de ser gerado! Tudo isso através de uma simples brincadeira de pintar!

Em um outro domingo, recebemos uma criança visitante, um menino de seis anos, bem agitado, não conseguia ficar parado, falava alto, chamava a atenção de todos, até que se iniciou o momento de conexão. Eles começaram a brincar com um joguinho de perguntas criado por nós. Cada criança tirava uma peça do jogo e respondia uma pergunta. Então uma pergunta surgiu: você já passou por uma situação difícil? A criança para qual a pergunta saiu, respondeu "não", então o responsável pelo grupo abriu a pergunta para todas as crianças, pedindo para que levantassem a mão quem tivesse algo para compartilhar.

Nesse momento, aquele menino espoletinha levantou a mão! Ele começou a falar que tinha uma irmã, mas que Papai do Céu havia levado a vida dela! Ela tinha morrido de câncer! Ele contou que o que estava sendo difícil era que a sua mãe não parou de ficar triste e aquilo era muito difícil.

Todos ficaram com o coração partido! O responsável pela equipe perguntou se poderia orar por ele e por sua família. Reuniram todas as crianças e oraram por aquele menino. Oraram pedindo consolo, amor e alegria. Depois da oração, o menino foi transformado! Ficou calmo e carinhoso, não queria sair de perto do responsável do grupo! Corações foram conectados naquele momento!

Uma brincadeira foi a porta de entrada para uma cura emocional, para uma libertação, para uma inundação de amor no coração daquele menino tão ferido e marcado tão fortemente.

Seja intencional nas brincadeiras que vai fazer com as crianças, peça ajuda ao Espirito Santo, pense em brincadeiras que conectam e esteja sensível a voz do Espirito Santo enquanto brinca com as crianças. Permita que a brincadeira seja a porta de entrada de uma cura física, cura da alma, libertação e/ou transformação de uma criança.

CONECTORES FALAM TRAZENDO DOÇURA E VIDA

Provérbios 15.1 diz: "A resposta branda (mansa) desvia o furor (raiva), mas a palavra dura suscita a ira."

Em Provérbios 16.24 diz: Palavras agradáveis são como favos de mel, doces para a alma, e medicina para o corpo. As doces palavras da sua boca podem trazer saúde para criança. Falar com doçura produz alegria na alma, conecta pessoas. Pense em um pirulito, ele é doce e o que encosta nele, gruda. Assim temos que ser, como pirulitos, grudando todos que se aproximam de nós e deixando sempre algo doce quando vão embora.

O que a nossa boca produz é o que nos alimenta, como está descrito em Provérbios 18.20 – "Do fruto da boca o coração se farta, do que produzem os lábios se satisfaz". O que tem alimentado a sua vida? O que você tem oferecido de alimento? Continuando, no versículo seguinte diz: "A morte e a vida estão no poder da língua; o que bem a utiliza come do seu fruto". O que você fala tem poder de vida ou morte. Traga vida e luz nos corações das crianças. Muitas já ouviram diversas vezes que são difíceis e desobedientes. Muitas ouvem que não serão ninguém, ou que não podem isso ou aquilo, que são terríveis... Todas essas palavras levam à morte. Seja aquele conector que trará vida a criança. A sua língua tem poder de vida. Declare vida onde não tem! Declare que a criança pode sim ser boa e obediente, que ela foi feita à imagem de Deus, que ela carrega um grande chamado, que você acredita nela e em todo potencial que ela tem, que Deus a ama e quer trazer para ela tudo o que ela pode ser. Traga vida onde há morte!

> Rogo-vos, pois, eu, o preso do Senhor, que andeis como é digno da vocação com que fostes chamados, com toda a humildade e mansidão, com longanimidade, suportando-vos uns aos outros em amor, procurando guardar a unidade do Espírito pelo vínculo da paz. (Efésios 4.1-3)

Seja marcante para a vida da criança! Fale com uma voz que transmita paz e alegria, cative a emoção da criança. Preencha todos os espaços da sala com amor.

Até a neurociência explica o poder das palavras doces! Ao falarmos gritando, bravos ou irados, ativamos o mecanismo de fuga em quem está ouvindo e recebendo nossos gritos. Esta pessoa estará incapaz de aprender, pois todo o seu corpo só pensa em fugir. Já quando escutamos palavras doces, ativamos uma parte do cérebro que chama córtex pré-frontal, onde está também o sistema de aprendizagem. Ao falarmos com doçura, ativamos o centro de aprendizagem! Estamos deixando nossos ouvintes prontos para aprender e guardar tudo o que vier na sequência.

CONECTORES MOSTRAM UM DEUS VIVO

Conectores trazem um Deus vivo para as crianças, não apenas contam histórias sobre Ele.

Precisamos ser intencionais em cada palavra, orientação, correção e ensino, para trazer vida a Palavra de Deus. Precisamos estar sempre atento a voz do Espírito Santo para saber quem e como Ele quer tocar nas nossas aulas, como Ele quer se mostrar como um Deus vivo e presente.

Em uma das nossas aulas, tínhamos tudo preparado para a aula, mas durante o louvor sentimos que muitas crianças precisavam de cura na alma. Começamos a ministrar sobre o amor de Deus e sobre o perdão! Foi um tempo lindo! Muitas crianças curadas e felizes depois! Uma atmosfera de amor podia ser sentida por quem entrasse na sala! Foi um dos momentos mais marcantes da minha vida com as crianças.

CONECTORES SÃO APAIXONADOS PELA BÍBLIA

Precisamos nos apaixonar pela Bíblia e por tudo que ela ensina. Precisamos trazer a palavra viva nas nossas vidas, nas vidas das pessoas que lideramos e na vida das nossas crianças. Tanto as crianças como as pessoas que trabalharão com elas precisam ter suas próprias experiências com Deus.

Mas se você ler a Bíblia sem o Espírito Santo, você não terá revelação! A parábola do semeador nos mostra que o coração é o terreno e a Palavra é a semente. Sabemos que o Espírito Santo é simbolicamente a água da terra. Onde há pedras (religiosidade), a semente fica seca e morre, por falta de água (fluir do Espirito Santo). Uma terra boa, que não tem semente, não adianta! Ela poderá ser encharcada de água, mas não haverá crescimento sem a semente. Apenas uma terra boa, úmida e com semente é que frutificará!

Ou seja, só iremos crescer se tivermos a Palavra com o Espírito Santo!

Que tal agora pedir para que Deus encha o seu coração com maior amor pela Palavra, mais fome e sede pela Palavra?

Como está seu tempo de devocional? Que tal realinhar as suas prioridades e colocar em primeiro lugar do dia o seu tempo com Deus de oração e estudo da Palavra? Com certeza isso fará com que você se sinta cada vez mais conectado com Deus e com maior vontade de conectar as crianças ou qualquer pessoa ao seu lindo Deus.

TERCEIRO C: COMPARTILHAR

CAPÍTULO 3

Compartilhar com alegria gera vida! Ao compartilhar uma história Bíblia, não compartilhe apenas a história, busque vida nela, busque ensino que traga alegria e vida.

Compartilhar significa "dividir com", ou seja, só conseguimos compartilhar o que temos, não podemos compartilhar o que não temos.

Somos chamados para compartilhar com as crianças nossas histórias com Deus e o que Ele tem nos falado com relação a elas, como também compartilhar as histórias bíblicas, verdades bíblicas que trarão transformação para a vida das crianças.

Precisamos ser amantes da Palavra, leitores assíduos das histórias e ensinamentos fantásticos que a Bíblia nos fornece se desejamos compartilhar algo com as crianças.

As aulas precisam ser montadas baseadas em verdades bíblicas, cheias de revelação e com atividades que estimulem a mente da criança, principalmente para memorização dos versículos e aplicação durante a semana. A forma como compartilhamos as histórias marcará a mente e o coração das crianças.

Durante a aula de um domingo, as crianças aprenderam sobre João 15.15, e ficamos reforçando esse versículo por mais de oito vezes, sempre lembrando que no meio das situações difíceis elas iriam lembrar que Jesus era amigo delas. Lembra-se da história da menina Julia, relatada na Introdução? Sua reação foi resultado dessa aula. O Espírito Santo ministrou ao coração daquela criança naquele momento, fazendo com que algo que ela aprendeu na igreja fosse aplicado no seu dia a dia.

E essa tem de ser sempre a nossa oração e objetivo de aula. Trazer ensinamentos para a vida da criança, para transformar sua mente, seu dia a dia e capacitá-la a levar o Reino de Deus por onde for.

PREPARANDO O ESPAÇO PARA COMPARTILHAR

Muitas pessoas pensam que para contar histórias precisam de muitos recursos, mas isso não é verdade! Jesus tocava na vida das pessoas por meio de coisas simples. Ele usava muito as parábolas para ensinar, e isso prendia muito a atenção das pessoas. Ele falava manso e cheio de humildade. Ele as levava para lugares lindos, onde a acústica favorecia seus ensinamentos (quando ele falava no monte, a sua estrutura criava uma acústica ótima para que todos pudessem ouvir).

Para compartilharmos, precisamos preparar a sala, não apenas com muitas decorações que distraem as crianças com tanta informação, mas retirando as distrações, sendo intencional nas disposições das cadeiras; deixando-as em formato de U, você diminui as conversas e também se coloca mais próximo das crianças.

Se possível, diminua a iluminação da sala, pois isso trará uma sensação intimista e aconchegante. Faça com que o espaço seja o mais agradável possível!

DEIXE AS CRIANÇAS COMPARTILHAREM

Durante as aulas, tenha tempo para conversar, compartilhar sua vida e deixar as crianças compartilharem um pouco sobre a vida delas. Converse com seus alunos, dê tempo para compartilharem histórias, contarem novidades.

Uma boa dica é ter uma cadeira em sala de aula chamada "cadeira do compartilhar". Comece você sentando e compartilhando algo que aconteceu, de bom ou ruim. Quando não for algo bom, peça aos alunos que orem por você ou por quem estiver compartilhando. Quando compartilharem algo bom, faça com que aquele que compartilhou ore pelos outros, pedindo a Deus que aquela bênção seja repetida na vida dos amigos e dos professores. Traga uma vida cristã real para a sala de aula por meio do compartilhar.

Nesse momento de conversa, dispense as mesas e faça-os sentar em U, assim você poderá dar atenção para todos e diminui as distrações. Coloque a cadeira do compartilhar à frente de todas as crianças.

Precisamos entender também que o compartilhar, para ser eficiente, precisa ser feito com amor e doçura. Já falamos sobre o poder das palavras e do poder da doçura, mas também precisamos entender que quando amamos alguém, pensamos antes de falar para não machucá-lo, pois não queremos quebrar um relacionamento.

Como é importante entender o valor da compreensão! Ao abrir espaço para compartilhar, abrimos espaço para deixar as crianças falarem, e nesse momento é preciso muita compreensão e muita sensibilidade.

Compreensão gera relacionamento, e é isso que desejamos, gerar relacionamento com as crianças! Por quê? Porque, ao se sentirem compreendidas, elas se sentirão amadas, e quando se sentem amadas e compreendidas, tornam-se mais compreensivas também e mais abertas para ouvir as suas palavras e dispostas a obedecer.

Se você diz que ama, mas não demonstra, isso não é amor. O amor é demonstrado por meio das nossas ações, e muitas vezes amamos mais quando ficamos calados no momento em que as crianças esperam que gritemos.

Nos dez primeiros segundos da nossa reação, falamos sem pensar, agimos como seres irracionais. Por isso é importante, muitas vezes, ficar em silêncio em um momento de crise, ou quando ouvir algo muito forte ou chocante, para ter tempo para pensar, falar e fazer o que é necessário.

Tiago diz que precisamos estar prontos para ouvir, tardios para falar e tardios para irar (1.19). Essa é uma boa dica quando estamos com crianças. A igreja tem errado quando não escuta suas crianças; elas são emudecidas, proibidas de falar, quando estão desesperadas para falar, para contar o que tem acontecido com elas. Muitas não conseguem falar em casa, pois vivem de atividades extracurriculares, chegam em casa e se deparam com pais cansados e sobrecarregados, sem paciência para ouvi-las.

Por isso, separe um tempo no domingo para ouvir as crianças. E não menospreze nada do que for falado! Peça ao Espírito Santo para que você possa sempre extrair algo de bom em tudo que for compartilhado, que você possa ser intencional e ter muita sabedoria ao ouvir e ao falar.

Um dia uma criança compartilhou que havia ganhado um *tablet* da sua mãe. Ela estava muito feliz e realizada com aquele presente. Em uma ocasião como essa, você pode agir de duas maneiras: dizer como ela está errada por dar valor a bens materiais e que aquele compartilhamento não tem tanto valor, pois ali é o lugar onde se deve falar sobre coisas espirituais; ou se alegrar com ela e dizer que ela estava testemunhando de algo que DEUS fez na vida dela! Deus trouxe para ela algo que ela tanto desejava. Que não se trata apenas de um *tablet*, mas da realização de um sonho. E que Deus é capaz de realizar sonhos de bens materiais e, muito mais especial ainda, de bens eternos, como relacionamentos familiares refeitos, encontros com Jesus, como também emprego para alguém que está desempregado. Então você pergunta se alguma criança também tem um sonho e gostaria de vê-lo realizado, pergunta se tem alguém na família que está desempregado e deseja muito ter um emprego… Daí você pede para a menina que ganhou o *tablet* orar por todas que estão de pé, pedindo a Deus para realizar os sonhos daquelas crianças e adultos conforme a vontade d'Ele.

E o que acontece quando você age dessa maneira? Coisas lindas acontecem! Durante a semana você recebe mensagens de crianças que deram seus jogos para outras, doaram tênis ou algo especial para outras pessoas e de pais que receberam emprego! Deus é real e essa história também! Aconteceu no nosso ministério e pode acontecer no seu também.

Esteja pronto para não desperdiçar nada, pois Deus não desperdiça nada! Até quando erramos, Ele usa os nossos erros para nos ensinar tanto que até pensamos que foi Ele quem nos fez errar, não é mesmo?

Que possamos ser assim! Ficarmos felizes quando erros acontecem ou são compartilhados para alinharmos aos valores do Reino e trazer vida para as crianças e adultos que estão ao nosso redor.

COMPARTILHAR COM ALEGRIA

Você já ficou perto de alguém triste? Como você se sentiu? Mais feliz ou começou a ficar triste também?

Salomão, o homem mais sábio que já existiu, disse que o coração alegre aformoseia o rosto, mas pela dor do coração o espírito se abate (Provérbios 15.13). Por isso que pessoas felizes ficam mais bonitas, elas irradiam a alegria, e a alegria é contagiante. Precisamos contagiar alegria.

O versículo 15 do mesmo capítulo de provérbios, diz que todos os dias do oprimido são maus, mas o de coração alegre tem um banquete contínuo. Quer dizer que o oprimido não terá um dia bom? Não! Quer dizer que o "estar sempre oprimido, se sentindo oprimido" fará com que a pessoa enxergue todos os dias maus. Porém, quem tem um coração alegre, vendo alegria em tudo, terá sempre um banquete a oferecer, pessoas famintas estarão sempre por perto. Todos gostam de estar perto de pessoas alegres, porque elas têm banquetes a oferecer. Quando somos genuinamente alegres, alimentaremos as nossas crianças com essa alegria.

Em Salmos 16.11, diz que na presença de Deus há abundância de alegrias. Logo, quanto mais estivermos na presença de Deus, mais alegria teremos, e essa alegria poderá ser passada para as crianças.

Ser alegre não é condicional, não está ligado a uma condição física, emocional, financeira ou circunstâncias externas. Ser alegre é intencional. Precisamos buscar estar sempre alegres.

Em Filipenses 4.4, Paulo diz: "Alegrem-se sempre no Senhor. Novamente direi: Alegrem-se!" (NVI). A nossa alegria também está em tudo que o Senhor fez por nós: na graça recebida, no amor incondicional e na certeza da salvação.

Compartilhar com alegria gera vida! Ao compartilhar uma história bíblica, não compartilhe apenas a história, busque vida nela, busque ensino, princípios e valores que traga alegria e vida.

A Bíblia é cheia de mistérios e vida. Nenhuma história está ali por acaso. Todas podem ser usadas para gerar vida nas pessoas que as ouvem. Todas podem ser usadas para trazer Deus para quem as ouve.

Seja intencional nas histórias! Um dia estávamos compartilhando a história de Davi, dizendo que ele havia sido esquecido pelo seu pai quando Samuel foi visitá-los. Mas mesmo que o pai o tenha esquecido, Deus não se esqueceu dele. Nesse momento, pudemos trazer vida para as crianças, esperança em um Deus que é um Pai bom que nunca Se esquece dos seus filhos. Então perguntamos se alguém já havia se sentido esquecido por seus pais. E para nossa surpresa, muitas crianças levantaram as mãos!

Aquele foi um grande momento de liberar perdão. Perdoar os pais que são falhos, assim como todos nós, mas que não deixam de amar! Dissemos para eles o quanto é importante falar quando se sentirem esquecidos, pois os pais muitas vezes não percebem, mas eles tinham um Deus Pai muito bom. Depois conversamos com os pais das crianças que levantaram a mão e soubemos que houve restauração familiar naquele dia! Foi algo muito lindo de ver! E tudo isso foi possível por meio de um compartilhar cheio de intencionalidade.

COMPARTILHAR COM INTENCIONALIDADE

Quando estamos dispostos a nos conectarmos com as crianças e ficamos atentos às necessidades de cada uma, sempre prontos para amá-las e ouvi-las, abrimos oportunidade para elas mostrarem quem são e compartilharem suas histórias e sonhos.

Nesse momento, tornamo-nos como caçadores de tesouros, atentos àquilo que está na nossa frente, em busca de tesouros escondidos. Às vezes o tesouro é uma ferida que precisa ser curada, uma mágoa que precisa ser perdoada ou um chamado que foi reprimido ou ainda não revelado.

Sempre que for preparar a palavra que será compartilhada, peça ao Espírito Santo que mostre o ponto que precisa ser enfatizado e o que Ele gostaria de tratar mediante uma história. Não conte uma história apenas por contar! Conte uma história sabendo que, por meio dela, muitas vidas podem ser restauradas e curadas, muitas mentiras podem ser tiradas e muitas dores sanadas. Seja intencional!

E ser intencional não é ser focado em cumprir uma aula e contar uma história que as crianças consigam recontar, sabendo os nomes dos personagens e suas características, mas ser intencional tem a ver com usar uma linda história bíblica ou um lindo versículo para marcar e transformar a vida de uma criança.

Um dia ministramos sobre fé e contamos a história de Abraão e seu filho Isaque, mas da perspectiva da fé. Abraão ficou conhecido não como o pai que quase matou seu filho, mas como o pai da fé! A fé é algo que precisamos ensinar às nossas crianças. Precisamos fazer com que elas entendam quão importante é viver uma vida de fé. E uma vida de fé é, muitas vezes, viver acreditando em algo que ainda não conseguimos ver, mas temos a certeza de que Deus irá fazer acontecer.

Na aula sobre fé, trabalhamos o versículo de Hebreus 11.6 – "sem fé é impossível agradar a Deus". E no momento do compartilhar as crianças puderam falar em que cada uma precisava de mais fé ou de alguma situação em que precisariam de fé em Deus para resolvê-la. E fomos orando uma por uma, situação por situação e sempre falando da beleza da fé.

Passada uma semana, uma mãe nos procurou dizendo que em uma reunião de pequeno grupo, uma pessoa compartilhou que havia perdido o emprego, e todos ficaram conversando sobre como a situação estava difícil, como muitas pessoas estavam perdendo o emprego. Foi quando sua filha, de apenas quatro anos, se levantou e pediu para falar. Ela disse: "Vocês precisam de fé! Deus pode dar outro emprego! Repitam comigo: sem fé é impossível agradar a Deus!". Todos que estavam na reunião ficaram chocados com o posicionamento daquela menina. Ela havia aprendido no domingo, no momento do compartilhar, sobre a fé e não esqueceu! Aquilo ficou guardado no seu coração e ela pôde ser usada no meio de muitos adultos.

Apocalipse 19.10 diz, que o testemunho de Jesus é o espírito da profecia. Quando compartilharmos aquilo que Jesus fez, estamos liberando profeticamente sementes de oportunidades para que Deus possa fazer novamente, aquilo que ele fez no passado. Por isso, compartilhe histórias daquilo que Deus fez, e o que Ele continua fazendo na sua vida.

QUARTO C: CORRIGIR

CAPÍTULO 4

Precisamos estar atentos, buscando nas crianças aquilo que precisa ser corrigido, não para que elas possam se comportar melhor, mas para que elas possam ser a melhor versão delas mesmas.

〰〰〰

Uma das perguntas que mais escutamos, com relação a Ministério de Crianças é: como corrigir uma criança difícil? Como lidar com ela?

O QUE É CORRIGIR?

Corrigir, de acordo com o dicionário tem o significado de "modificar, temperar, regularizar[1]", também é "tentar melhorar ou modificar para um melhor comportamento[2]".

No livro de 2 Timóteo 2.24-25 diz: "Ora, é necessário que o *servo* do Senhor não viva a contender, e sim deve ser *brando* para com todos, apto para *instruir, paciente, disciplinando* com *mansidão* os que se opõem, na *expectativa* de que Deus lhes conceda não só o *arrependimento* para *conhecerem* plenamente a verdade..." (grifo do autor).

---

[1] Dicionário Aurélio
[2] Dicionário online de português

Somos servos e ministros do Senhor no Ministério de Crianças, estamos nele para honrar e glorificar a Deus através dos cuidados dos nossos pequenos, seja no corpo, na alma e/ou no espírito. Somos responsáveis por aquilo que fazemos ou deixamos de fazer pelas crianças.

Quando nos deparamos com crianças difíceis, a primeira coisa que precisamos lembrar é que não convém a nós contender. No original, a palavra contender é *machomai*, que significa "aqueles que se envolvem numa guerra de palavras, disputar, discutir, brigar". Precisamos nos acalmar, contar até dez, deixar o momento irracional passar e pedir a Deus sabedoria para lidar com aquela situação, trazendo verdades bíblicas para que haja arrependimento. Precisamos ser brandos. No original, a palavra brando é *epios*, que significa afável, meigo e amável.

Somos chamados para instruir, ou seja, sermos aptos e hábeis no ensino, com paciência. Uma das grandes características de um bom educador é a paciência. A paciência também é produzida por meio do andar no Espírito. Devemos sempre estar cheios do Espírito Santo ao ponto da paciência ser algo que as pessoas percebem em nós.

[...] disciplinando com mansidão os que se opõem, na expectativa de que Deus lhes conceda não só o arrependimento para conhecerem plenamente a verdade, mas também o retorno à sensatez, livrando-se eles dos laços do diabo, tendo sido feitos cativos por ele para cumprirem a sua vontade (2 Timóteo 2.25-26)

Toda disciplina, com efeito, no momento não parece ser motivo de alegria, mas de tristeza; ao depois, entretanto, produz fruto pacífico aos que tem sido por ela exercitados, fruto de justiça. (Hebreus 12.11)

A disciplina não é punitiva, mas corretiva. Sua correção deve estar ligada aos princípios da palavra de Deus, e não a nossa vontade e à nossa própria conveniência.

Quando corrigimos com amor, a criança sentirá que estamos nos movendo em direção a ela, e não contra ela. Estamos ajudando-a e não julgando-a. E o resultado de tudo isso é maior aproximação da criança conosco, porque ela sentirá o verdadeiro amor. E o amor afasta o medo.

Precisamos corrigir a intenção do coração, não apenas uma ação. Deixar a criança sozinha por 5 minutos não fará ela lidar com a intenção do coração, apenas fará com que ela não repita mais aquele comportamento por não querer ficar sozinha.

Muitas vezes podemos mudar um comportamento, mas não necessariamente, corrigir o coração. Precisamos ter cuidado, paciência e sabedoria para lidar com as situações de correção. Devemos corrigir a raiz e não apenas arrancar o fruto podre. Isso requer sabedoria, intencionalidade e também tempo para investigar a fundo onde está a raiz do problema.

CORRIGINDO CORAÇÕES

Como Ministério de Crianças somos chamados para corrigir corações. Não apenas quando o coração da criança deseja desobedecer ou fazer algo errado, mas principalmente quando foi colocado algo nele que não deveria estar lá.

Muitas vezes nos detemos apenas em procurar o que está errado em um comportamento de uma criança, mas precisamos olhar mais fundo, precisamos buscar o que está desalinhado em sua identidade, entendimento e saber, que foge daquilo que Deus a fez ou alinhou para ela.

Se pararmos para pensar nos nossos traumas e nas nossas dores, mais de 50% foram produzidas na infância. Seria incrível se tivéssemos tido a oportunidade de tratarmos esses traumas e curarmos essas dores ainda na infância, não é mesmo?

Quando pensamos no terceiro C, não devemos pensar automaticamente em corrigir comportamentos, mas em corrigir corações e tudo o que não pertence a criança ou não deveria estar nela.

Ao entendermos o foco do corrigir, vamos mudar nosso comportamento em relação às crianças e nos colocar em uma posição de observadores constantes, buscando sempre enxergar na criança algo que precisa ser corrigido, mas não com um olhar crítico, e sim com um olhar de amor e compaixão, sedento em ajudar, em trazer verdade e em desconstruir o que precisa ser desconstruído e construir o que precisa ser construído.

Em uma atividade, colocamos muitas almofadas e convidamos as crianças a deitarem nelas. As almofadas eram convidativas, aconchegantes; colocamos um som ambiente favorável, diminuímos as luzes, falávamos com um tom de voz terno e macio, pois sabíamos que Deus tinha algo para ser corrigido no coração das crianças naquele dia.

Havia um menino que estava nos visitando e não sabíamos quase nada sobre sua vida. Quando o ministrador começou a explicar a atividade, que as crianças deveriam deitar naquelas almofadas e pedir para Papai do Céu abraça-las, pois muitas ali precisavam de um abraço de Deus, todas foram e deitaram e ficaram ali um tempo. Depois de alguns minutos, aquele menino começou a chorar, e bastante! Ficamos sem entender o que estava acontecendo com ele, mas sabíamos que ele estava tendo um encontro com Deus!

Quando o ministrador perguntou o que estava acontecendo e se precisava de ajuda, aí que veio a nossa grande surpresa. Ele disse: "Tio, meu pai morreu afogado há dois anos! Eu nunca mais senti um abraço de um pai. Quando eu deitei na almofada, senti o braço de Deus me abraçando! E eu senti as mãos d'Ele! E Ele me falou no ouvido que eu nunca estava sozinho! Eu estou muito feliz! Obrigado, Tio!".

Sim, aquele menino teve uma experiência marcante e pediu para ficar mais tempo ali. Depois, contou que sentiu que uma tristeza tinha saído do seu coração!

Algo muito importante foi corrigido naquele momento: um coração quebrado e machucado foi trocado por um coração feliz e curado. Aquele menino não se sentia mais sozinho, e isso não tem preço. Com certeza a vida dele se tornou bem diferente depois dessa experiência.

O ministrador orou por ele, para que ele nunca esquecesse aquela experiência e para que todas as vezes que ele sentisse saudade do abraço de um pai, ele poderia pedir a Deus!

Precisamos estar atentos, buscando nas crianças aquilo que precisa ser corrigido, não para que elas possam se comportar melhor, mas para que elas possam ser a melhor versão delas mesmas; para que elas alcancem o melhor de Deus para a vida delas!

CORRIGINDO IDENTIDADES

Uma das coisas que mais acontece na infância é a colocação de rótulos nas crianças, seja por seus próprios pais, seja por irmãos, primos ou amigos da escolar.

As crianças estão, quase que diariamente, sendo bombardeadas por rótulos. Um erro serve para trazer para elas um rótulo de preguiçosas, enganadoras, bobas, burras.... Além dos rótulos por uma questão física, que geram muita dor.

Quem nunca sofreu por rótulos colocados na infância? Talvez você teve alguém na sua infância que te ajudou a se livrar desses rótulos, mas na grande maioria, muitos adultos crescem marcados por rótulos colocados na infância. Quando chegam na adolescência, esses rótulos, muitas vezes, são transformados em rebeldias, falta de amor próprio, distúrbios alimentares e tantos outros problemas que podem acompanhar até a vida adulta.

Quando lidamos com crianças, precisamos entender que, se estamos com elas, estamos com uma grande oportunidade para ajuda-las a se livrarem desses rótulos e deixar com que Deus, aquele que as criou, diga quem elas são, trazendo para elas suas verdadeiras identidades.

Uma vez fizemos uma atividade onde falamos sobre o poder da língua, que nossa língua tem poder de vida ou morte, que o que falamos pode gerar vida ou morte na vida das pessoas. Também falamos que pessoas podem dizer coisas para nós que podem trazer vida para nós ou nos matar um pouquinho por dentro. Explicamos para as crianças que rótulos só podem ser colocados pelo fabricante, aquele que fabrica o produto, por isso, só que podem nos rotular é Deus, mas que, muitas vezes, muitas pessoas tentam colocar rótulos na gente. As vezes até pessoas que amamos falam palavras duras que nos machucam e nos ferem no coração. As vezes elas fazem de propósito, só para nos machucar, mas outras tantas vezes elas nem percebem que estão nos machucando (isso acontece muito na relação entre pais e filhos).

Explicamos para as crianças que aquele momento seria um momento especial onde pediríamos ao Espírito Santo que Ele trouxesse na memória das crianças essas palavras que elas ouviram e machucaram elas, para que ele trouxesse uma verdade d'Ele no lugar do rótulo.

Tínhamos um refratário com álcool em gel e pedimos para que elas escrevessem esses rótulos em um papel para ser queimado. Falamos que, assim como o fogo estava queimando o papel, oraríamos para que o Espírito Santo queimasse essas palavras dentro do coração delas.

Um menino, que era muito difícil, agitado e desatento, não sabia escrever ainda e pediu para que o Lucas escrevesse para ele. Ele pediu para escrever "VOCÊ NÃO SERVE PARA NADA". Ele começou a chorar. O Lucas escreveu para ele e orou com ele trazendo verdades de Deus para a vida dele. Depois disso o menino foi para uma outra atividade, onde terminou dormindo em meio a várias almofadas.

Bem nesse momento a mãe chegou para pegá-lo. Ela não conseguiu acreditar que ele havia dormido. Era praticamente impossível ele ter dormido, já que ele era tão agitado. Foi quando ela perguntou o que havia acontecido e o Lucas contou para ela tudo o o que ele havia pedido para escrever.

Aquela mãe começou a chorar compulsivamente. Ela disse que quem falava isso para ele era ela. Ela estava arrasada, tendo consciência do quanto aquilo fazia mal para seu filho. Lucas começou a orar por aquela mãe. Ela também tinha rótulos para serem retirados. Ali começou outra ministração, outro alinhamento de coração, outra correção de identidade.

Foi sugerido para ela fazer a atividade também. Que momento especial! Mãe e filho sendo ministrados por Deus!

Aquele menino nunca mais foi o mesmo e aquela mãe nunca mais foi a mesma.

CUIDADO COM A IRA

Provérbios 15.1: "A resposta branda desvia o furor; mas a palavra dura suscita a ira". A forma como você fala, desviará o furor ou trará a ira? Mais uma vez precisamos ter cuidado como falamos e o que falamos.

Eclesiastes 7.9: "Não te apresses em irar-te, porque a ira se abriga no íntimo dos insensatos". Não queremos ser insensatos, porém sensatos que buscam o melhor para nós e para nossas crianças.

Efésios 4.31: "Longe de vós, toda amargura, e cólera, e ira, e gritaria, e blasfêmia, e bem assim toda malícia". Precisamos sempre afastar de nós toda amargura, cólera, ira.... Buscando a presença de Deus e a vontade do Espirito Santo para o momento.

Tiago 1.19: "Sabeis estas coisas, meus amados irmãos. Todo homem, pois, seja pronto para ouvir, tardio para falar, tardio para se irar". Esse versículo resume bem tudo. Antes de começarmos a dar bronca, precisamos parar para ouvir. Responder antes de ouvir é estultícia e vergonha, diz Provérbios 18.13. Precisamos parar para ouvir, esperar para falar, buscar sabedoria na hora de falar e procurar nunca se irar.

Precisamos ser intencionais na hora da correção. Toda situação é uma oportunidade de ensino. Não podemos trazer correção apenas na hora de crise, precisamos buscar oportunidades para ensinar valores e comportamento condizentes com pessoas que amam Jesus.

Nosso trabalho é fazer com que nossas crianças conheçam e lidem com o seu coração.

Precisamos ser sensíveis à necessidade da criança, saber sua história. Iremos nos deparar com crianças que, no lugar de uma correção, precisam de abraço, como também iremos nos deparar com crianças que precisam de correção, precisarão saber que naquele lugar há alguém que dará o direcionamento, dará as ordens do lugar. Muitas crianças estão tão rebeldes porque estão pedindo: Por favor, alguém me corrija, preciso me sentir amada!

Muitos pais não entendem que disciplina é uma demonstração de amor:

Porque o SENHOR repreende a quem ama, assim como o pai, ao filho a quem quer bem". (Provérbios 3.12)

O que retém a vara aborrece a seu filho, mas o que o ama, cedo, o disciplina. (Provérbios 13.24)

> Eu repreendo e disciplino a quantos amo... (Apocalipse 3.19)

Disciplina é uma expressão de amor. Mas muitos pais enxergam como sinal de ódio. Muitas crianças, por não receberem a correta disciplina em casa, tornam-se crianças birrentas, mal-educadas e desesperadas por atenção e amor. Não temos o poder de disciplinar como os pais têm, mas temos autoridade de corrigi-las como servos do Senhor, exercendo autoridade na vida das pessoas, no caso, das crianças. (2 Timóteo 2.24-25).

Mesmo que a correção pareça sofrida e doída, ela, se for aplicada com amor, trará frutos de justiça que permanecerão para sempre.

PRINCIPIO DA SEMEADURA E DO INVESTIMENTO

O princípio da semeadura e da colheita é uma boa forma de ensinar às crianças sobre as consequências das suas ações.

> Não vos enganeis: de Deus não se zomba; pois aquilo que o homem semear; isso também ceifará. Porque o que semeia para a sua própria carne da carne colherá corrupção; mas o que semeia para o Espírito do Espirito colherá vida eterna. (Gálatas 6.7-8).

Deixar claro as consequências das escolhas e aplicar as consequências é uma maneira de correção, pois estamos ensinando as crianças o princípio bíblico da semeadura, ensinando-as a serem sábias e fazerem escolhas sábias.

O foco da correção não é levar ao castigo ou pagar o que se deve, mas é tentar torná-la mais parecida com Jesus. Devemos demonstrar a mesma paciência, humildade, amor e bondade que o Salvador demonstra a nós. Quando corrigimos as crianças, estamos investindo na vida delas, a curto, médio, longo prazo e para eternidade. Investidores financeiros querem investir em empresas e bancos com maior nível de correção, porque sabem que no futuro terão maior rendimento. Não podemos investir nas crianças se não tivermos uma cultura de correção.

OPORTUNIDADE DE ESCOLHAS

> Ora, o Senhor é o Espírito; e, onde está o Espírito do Senhor, aí há liberdade. (2 Coríntios 3.17)

Seria incoerente se falarmos para nossas crianças que amamos a Cristo, que Ele habita em nós e afastássemos a liberdade de nós e das nossas salas.

Procure sempre dar duas opções para as crianças, mas esteja ciente dessas opções e preparado para aplicar qualquer uma delas.

Achar que as crianças não podem fazer escolhas sábias é um grande erro! Elas podem e fazem na maior parte do tempo. Caso não façam, precisamos deixa-las colher os frutos de uma má escolha, para que aprendam. Melhor aprender agora do que aprender depois, não é verdade? A correção dói. As crianças estão crescendo e para crescer saudável requer certas dores do crescimento, que muitas vezes são as correções. Mas melhor a dor do crescimento do que a dor do arrependimento. A dor do arrependimento, de sofrer consequências que poderiam ser evitadas, se na infância as crianças fossem corrigidas com amor.

PECADOS NA CORREÇÃO

1. Corrigir publicamente

A exposição da criança produz traumas e humilhação. Só podemos fazer isso quando ela fizer algo com outra criança e mesmo assim usando de sabedoria para não instigar mais brigas. Estimule a reflexão! Deixe uma folha de papel com a criança e peça para ela escrever ou desenhar o que Deus falou com ela a respeito desse comportamento. Chame-a para conversar com amor, usando tom de voz amigável. Ela já estará esperando uma bronca, então surpreenda-a, desarme-a e leve-a para um encontro com Deus, mas não deixe de corrigir.

2. Julgamento precipitado

Não julguem, para que vocês não sejam julgados. Pois da mesma forma que julgarem, vocês serão julgados; e a medida que usarem, também será usada para medir vocês. (Mateus 7.1-2)

Muitas vezes, quando vamos corrigir uma criança, usamos de um falso julgamento. Talvez porque ela sempre se comporte mal, ou sempre faça algo errado, ou sempre seja a responsável pela bagunça da sala. Então, logo nos colocamos em uma posição de soberania e já aplicamos sobre ela uma culpa que talvez não fosse dela.

Antes de lançar culpa, julgamento ou castigo em cima de uma criança, pare para ouvi-la, procure entender a situação e os motivos.

Um belo domingo, uma criança, que já era conhecida por sua rebeldia, ira e violência, foi pega chutando a cadeira da outra criança com muita raiva. Então, rapidamente a líder da sala retirou-a do convívio das outras e começou a tentar corrigi-la, até que uma outra pessoa resolveu ajudar e fez uma pergunta simples: o que aconteceu? Quando todos pararam para ouvir o que aquela criança tinha para contar, mesmo que no coração houvesse uma certeza – ela aprontou de novo! Ela foi rebelde e violenta de novo! - houve uma pausa para ouvi-la. E ela começou a responder com a seguinte afirmação: - "Eu sei que sempre desobedeço, mas eu tenho tentado melhorar e ninguém nunca vê isso! Ninguém vê que eu estou melhorando!". Naquele momento, a responsável ficou com um nó na garganta! Era verdade! Ele estava bem melhor! Fazia tempo que ele não era desobediente, fazia tempo que não se irava, mas ninguém tinha pontuado isso para ele, ninguém o tinha elogiado, ninguém tinha dito um "parabéns" para ele.

O que estava acontecendo com aquela criança? Ela estava sendo julgada por um comportamento anterior, sem chance de defesa, sem chance de explicação. E quando a explicação veio, a vergonha aumentou ainda mais para os seus líderes. Seu irmão menor estava sendo apertado pela cadeira que ele estava chutando. Ele estava tentando defendê-lo, lutando pelo seu bem-estar.

Depois de entender o que estava acontecendo, tudo ficou mais claro. Ele continuava errado por ter chutado a cadeira, mas era compreensível. Ele tinha pedido ajuda e ninguém o tinha ouvido, ele disse que avisou a um adulto, que não o ouviu.

A correção é sempre necessária, desde que seja feita de uma maneira justa e responsável. Antes de julgar, lembre-se de parar para ouvir, entender e só depois decidir.

Antes de pensar em corrigir, pense primeiro em amar, no amor que tem depositado no coração daquela criança que será corrigida. Se o coração da criança estiver bem abastecido com o seu amor, ela irá receber a correção de uma maneira bem mais fácil e rápida.

Faça perguntas chaves e simples antes de julgar precipitadamente. Perguntas como: O que está acontecendo? Você precisa de ajuda? Como posso te ajudar? Está tudo bem?

Não julgar os outros também serve para as crianças e seus comportamentos.

QUINTO C: CAPACITAR

CAPÍTULO 5

Você não necessariamente precise de uma posição ou cargo para poder influenciar, mas de várias maneiras pode causar influência na sociedade. E isso pode ser desenvolvido desde a infância.

Durante todo um mês ensinamos as crianças sobre a bondade de Deus, e em um domingo, durante o lanche, as crianças prepararam um "kit bondade" para entregar a alguém necessitado que Deus colocasse em seu coração.

No domingo seguinte, um pai veio compartilhar que, ao sair da igreja, seu filho estava ansioso para entregar o kit para alguém. Eles foram de carro pelas ruas procurando uma pessoa para entregar. Ao chegar à esquina de sua casa, encontraram um rapaz. Eles desceram do carro, e o menino, de oito anos, foi até o rapaz e disse: "Papai do Céu pediu para eu te entregar isso". Nesse momento, o rapaz ficou bastante emocionado e contou que, uma semana antes, um pastor o havia procurado para interná-lo em uma clínica de reabilitação, pois ele era usuário de *crack*, e ele respondeu que só iria se Deus falasse com ele, pois não acreditava mais que Deus o via.

Aquele domingo era o último dia do prazo que o rapaz havia dado, por isso estava tão emocionando, pois viu que Deus o via e diria "sim" para o pastor quando voltasse para falar com ele. Ele contou que tinha abandonado sua família, mas iria se tratar e voltar para ela e para Deus.

Essa criança e toda sua família foram extremamente impactados e compartilharam para muitos esse testemunho, fazendo com que muitas pessoas entendessem o quanto Deus pode nos usar quando nos colocamos à disposição.

A criança, neste caso, foi capacitada a expressar a bondade de Deus, e assim influenciou positivamente este homem. Deus chama cada criança a ser líder. E líder nada mais é que influenciar. No ministério de crianças, além delas serem corrigidas, elas são capacitadas a causar transformação onde ela estiverem.

DEUS NOS CAPACITOU

Quando Deus criou o homem, Seu grande desejo era ter um relacionamento face a face com ele. Mas antes de criá-lo, Ele já tinha um propósito: que o homem dominasse, sujeitasse e governasse a terra (Gênesis 1.26).

Primeiro, Deus planeja o homem segundo a sua imagem e semelhança; depois, estabelece o propósito desse sonho. Apenas depois de ter um propósito para o homem Ele o cria, o abençoa e o empodera para dominar, governar e sujeitar a terra (Gênesis 1.28).

Vemos que desde o início Deus capacitou e deu autoridade ao homem para dominar, sujeitar e governar a terra e tudo o que há nela. Contudo, o homem permitiu que esse domínio e governo fossem tomados pelo inimigo, quando ele desobedeceu a

Deus, comendo da árvore do conhecimento do bem e do mal, e a partir daí perdeu a capacidade de ter um relacionamento face a face com Deus, como também a capacidade de dominar a terra. Mas desde o princípio a vontade de Deus foi capacitar e empoderar o homem a governar e liderar a terra.

Cada um de nós, e cada criança, foi criado segundo a imagem e semelhança de Deus e também com o propósito de ter um relacionamento face a face com Ele e de dominar, sujeitar e governar a terra. Em outras palavras, quando nos tornamos Seus filhos e filhas, quando fazemos uma aliança eterna de amor com Ele, Deus nos delega autoridade e nos empodera novamente para liderarmos e influenciarmos a terra.

Cada criança tem um sonho que Deus semeou no coração, e muitas vezes precisamos ajudá-la a descobrir, seguir e perseguir esse sonho. E acima de tudo, precisamos ajudá-la a viver esse sonho.

E o plano maior para esse sonho é de dominar, sujeitar, governar e liderar a terra. Toda pessoa, assim como toda criança, é chamada para ser líder. A grande pergunta é: se todos são chamados para ser líderes, então quem vão liderar?

Para responder a essa pergunta, é necessário entendermos o conceito dos montes da sociedade.

OS MONTES DA SOCIEDADE

Toda a sociedade tem pilares que a sustentam, também conhecidos como esferas da sociedade ou como montes ou montanhas da sociedade. Essas esferas são: artes e entretenimento, comunicação e mídia, governo e política, economia e negócios, educação e ciências, família e igreja.

Quando falamos que todos são chamados para liderar, isso significa que em alguma dessas esferas da sociedade nós somos chamados para influenciar e causar uma transformação de acordo com os planos celestiais.

Você não necessariamente precisa de uma posição ou cargo para poder influenciar, mas de várias maneiras pode causar influência na sociedade, e isso pode ser desenvolvido desde a infância.

Quando Jesus foi esquecido pelos seus pais em Jerusalém, Ele ainda era uma criança e não tinha nenhuma posição na sociedade. Muito pelo contrário, naquela época as mulheres e crianças nem eram contadas no censo, demonstrando não serem tão importantes em relação aos homens. Mesmo assim, quando foi encontrado no templo discutindo com os doutores, todos estavam maravilhados com aquilo que Ele falava. Mesmo não tendo nenhuma posição, Ele estava influenciando e liderando naquele momento.

Nossas crianças podem influenciar seu círculo de amizade, sua família, seus amigos, enfim, ela pode liderar. Contudo, devemos ser intencionais para que a liderança nelas seja desenvolvida da maneira correta, no estilo de Jesus, na maneira como Ele liderava. E Ele liderava por meio do exemplo e de uma liderança servil. Ele mesmo disse: quem quiser ser o primeiro, seja servo.

Mas como vamos saber em qual monte, qual área ou esfera da sociedade cada criança vai liderar?

Para isso, primeiro devemos ajudá-la a descobrir seus sonhos e propósitos. Precisamos ajudá-la a ouvir a voz do Espírito Santo. Ele pode orientar e direcionar cada uma para o monte da sociedade que irá influenciar.

Uma criança de dez anos, depois de uma aula sobre liderança e sobre sonhos, em que teve a oportunidade de orar e pedir para o Espírito Santo falar com ela, contou para seus pais que iria ser médica, que precisava estudar muito, pois seria uma das líderes dos "médicos sem fronteiras". Seu pai contou que ela sofreu uma transformação! Não dava mais nenhum trabalho para estudar, muito pelo contrário, estava focada e determinada. Cabia aos pais agora alimentar aquilo ou fazer daquilo algo pequeno e insignificante.

Graças a Deus esses pais são sábios e tementes a Deus, ajudando constantemente sua filha a alcançar esse sonho e se levantar como alguém influente no meio do monte da ciência e saúde.

DESCOBRINDO OS SONHOS E PROPÓSITOS

Nosso papel como discipuladores de crianças é ajudá-las a descobrir qual é o seu sonho, quais são os seus propósitos e quais são os caminhos para atingir esse sonho com propósito.

Geralmente, os sonhos têm a ver com os talentos, habilidades e dons. Porém, muitas vezes as crianças, e mesmo os pais, ainda não sabem quais são eles. Nós, como discipuladores, devemos proporcionar situações em que as crianças possam descobrir seus sonhos e desenvolver seus talentos e assim permitir e impulsioná--las a ter sonhos alinhados aos propósitos de Deus.

Como vimos, Deus só abençoou Seu sonho, o homem, depois que Ele já tinha um propósito para esse sonho. Devemos ajudar as crianças a descobrir qual é o propósito de vida delas e quais são esses sonhos, pois com certeza Deus quer abençoá-las para que sejam bênçãos aqui na terra.

Em um domingo, estávamos falando sobre sonhos, e o intuito era ajudar cada criança a sonhar os sonhos de Deus para a vida delas. Um menino de oito anos disse que o sonho dele era ter o controle da água em suas mãos. Quando contou esse sonho, ele apontava com a mão e fazia o barulho de água como se estivesse saindo de sua mão. Naquela hora, poderíamos simplesmente ignorá-lo, pois não fazia sentido algum ter o poder da água em suas mãos, como se as águas saíssem delas, mas perguntou-se qual era o propósito daquele sonho. Então ele disse que era para ajudar as pessoas que não poderiam ter água.

Percebemos que o sonho que Deus tinha colocado naquele garoto era genuíno e com propósito correto, mas a maneira como ele estava pensando precisava ser alinhada e corrigida. Então falamos que a escassez de água será um grande e o maior problema para o mundo e que se ele inventasse uma tecnologia que preserve e direcione a água para pessoas carentes dela, isso seria inovador, fantástico e com certeza vai influenciar o mundo inteiro!

Muitas vezes ignoramos, subestimamos ou não damos direções corretas para que os sonhos dessas crianças sejam realizados e possam abençoar muitas vidas. Cremos que Deus pode nos usar para capacitá-las com a Sua graça e também com o poder sobrenatural para realizar os sonhos, com propósitos alinhados ao Seu coração.

O nosso papel é direcionar, conduzir e capacitar as crianças para realizar esses sonhos. Mas como podemos capacitá-las?

A PRESENÇA DO ESPÍRITO SANTO

Desde o início, Deus já tinha determinado e dado poder ao homem para sujeitar, governar e liderar a terra. Contudo, desde a sua queda, o homem perdeu a presença de Deus e também a capacidade de dominar a terra.

Nosso papel, como discipuladores de crianças, é levar o evangelho, as boas-novas, para elas, para que tenham o conhecimento do sacrifício de Jesus na cruz e assim entregar a vida a Ele, tendo-o como seu Senhor e Salvador. Desse modo, elas têm a oportunidade de receber a vida no espírito, de ter uma aliança eterna com Jesus Cristo e também se relacionar com o Senhor Deus.

Contudo, muitos pensam que entregar sua vida a Jesus e ter a vida eterna é o ponto final, quando na verdade é apenas o ponto de partida para aquilo que Deus tem para a vida delas aqui na terra.

Sim, nosso papel como discipuladores também é, além de dar a oportunidade de terem a vida eterna, capacitá-las a dominar, sujeitar e governar a terra e viverem a plenitude daquilo que Deus propôs para o homem desde o início.

Quando as crianças entregam a vida a Jesus e têm o novo nascimento, recebem o Espírito Santo em sua vida e assim têm a vida eterna. Porém, para cumprir seus sonhos, elas precisam estar cheias e transbordantes do Espírito Santo. Em outras palavras, necessitarão andar no Espírito, e isso vem com um relacionamento profundo e verdadeiro com Deus Pai, Deus Filho e também com Deus Espírito Santo. Desse modo, fica claro que não basta entregar sua vida a Jesus, mas sim desenvolver diariamente um relacionamento íntimo de amor com Deus. E para isso, na maioria das vezes, as crianças precisam ser inspiradas e instigadas a vivenciar um estilo de vida nas disciplinas espirituais, que proporcionarão um relacionamento progressivo com o Deus trino.

O mundo está cheio de problemas – econômicos, políticos, na educação, moral, ambiental – que carecem de soluções. Em todas as áreas da vida e do mundo há carências de todos os tipos. Aquelas pessoas que vão trazer a solução para o caos em qualquer esfera terão grande influência na sociedade. Lembre-se de que liderar é influenciar e que Deus nos chamou para sujeitar, dominar, governar e liderar a terra.

A primeira menção da Bíblia de uma pessoa que foi cheia do Espírito Santo não se refere a nenhum profeta, sacerdote ou alguma pessoa com posição eclesiástica. A primeira pessoa que foi cheia do Espírito Santo foi Bezalel. Ele era um artesão, escultor, um artista que foi cheio do Espírito para cumprir com excelência aquilo que ele tinha de talento e habilidade, que era fazer as obras de arte do tabernáculo de Moisés (Êxodo 31.1-5).

Quando somos cheios do Espírito Santo, somos cheios de habilidade, criatividade e excelência naquilo que já temos como talentos. Quando as crianças são cheias do Espírito Santo, então podem trazer soluções criativas utilizando os seus dons e talentos alinhados aos seus sonhos e propósitos corretos.

Nossa responsabilidade e papel é ajudar as crianças a descobrir seus talentos, habilidades, sonhos, propósitos, proporcionar um encontro com Jesus para que tenham o novo nascimento e também sejam cheias e transbordantes do Espírito Santo para cumprir seus sonhos com excelência e criatividade. Em outras palavras, que sejam líderes nas áreas de atuação em que foram chamadas para influenciar aqui na terra. Assim, estaremos empoderando e capacitando cada criança com ajuda do Espírito Santo.

PLANO DE AÇÃO

CAPÍTULO 6

Quando você entender o poder que os 5 "C" carregam, irá aplicá-los não apenas no ministério de crianças, mas na sua família, no seu trabalho, na escola, enfim, nos seus relacionamentos, próximos e distantes.

Se você entender a importância de descobrir e desenvolver seu chamado, conectando-se com Deus e com as pessoas, compartilhando vida e histórias, corrigindo corações e mentes e capacitando e sendo capacitado, se sentirá vivo e feliz em viver e estará cumprindo com o propósito de Deus, de liderar, influenciar, dominar e governar a terra!

Para o ministério de crianças, muitas mudanças podem ser requisitadas, mas nenhuma é impossível ou inviável, principalmente quando o Espírito Santo é nosso ajudador e conselheiro.

Os 5 "C" vêm para alinhar nossos pensamentos e nos fazer ser mais intencionais nos nossos desejos e sonhos, mas tudo isso não é possível sem nos tornarmos vulneráveis, sem nos colocarmos fora da nossa zona de conforto e começarmos a lutar por nossos sonhos e propósitos.

Deus colocou sonhos no nosso coração, e como pais, líderes e voluntários de crianças precisamos entender que esses sonhos incluem outras vidas e muitas famílias.

Para termos algo para dar, precisamos estar abertos a receber e, muitas vezes, deixarmos o Espírito Santo agir, tornando-nos coadjuvantes da ação, do mover e do agir de Deus.

Planejamento existe para ser feito! Você pode ter algo que é importante, mas não é urgente, e ter algo que é urgente, mas não é importante. Por isso, comece com o que é URGENTE e IMPORTANTE.

VISÃO E MISSÃO

Para montar um plano de ação para o ministério de crianças, é preciso sempre começar por nós, caso você seja um líder de ministério de crianças (se você não é, veja se a liderança compartilha das ideias deste livro e dos sonhos que você tem para esse ministério. Seja ousado, converse com sua liderança e exponha seus pensamentos e sonhos).

Quanto seu coração queima pelas crianças? Quanto você está disposto a lutar, sofrer e batalhar para ter o melhor de Deus para as crianças? Qual é o propósito do ministério de crianças que está inserido ou que você lidera? Se você está disposto a pagar o preço, então se entregue a Deus, tenha um estilo de vida de jejum e oração e comece a desenhar a visão e a missão do ministério de crianças que Deus já te deu ou vai te dar.

VOLUNTARIADO

Após ter definido a visão e a missão, está na hora de revisar o voluntariado e a cultura do ministério de crianças. Que tal fazer uma reunião e expor a visão e a missão? Os voluntários precisam ter o coração incendiado, inflamado pela visão e pela missão. Precisa ser algo maior que eles mesmos. Eles precisam entender que estão ali para construir suas próprias histórias e histórias que talvez irão testemunhar somente na Glória, mas farão parte de muitos e muitos testemunhos de vida e de transformações.

Inspire e instigue os voluntários a fazer parte dessa linda jornada de ação total de Deus na vida das crianças, proporcionando encontros com Deus Pai, Deus Filho e Deus Espírito Santo. Tudo isso é uma honra e privilégio! Todos precisam garantir que os voluntários entendam que não são babás ou entretenidores gospel, mas são avivalistas, são discipuladores, são pastores cuidando de ovelhas, são conectores, conectando corações com o coração de Deus.

Planejar reuniões mensais facilita manter a chama acesa, a comunicação e o relacionamento da equipe. E nunca esqueça de honrá-los, pois honra gera união e união gera vida (Salmos 133).

Buscar a excelência não é buscar a perfeição, mas buscar o melhor que pudermos para glorificar e honrar o grandioso Deus que temos, sabendo que é dele a nossa recompensa (Colossenses 3.23).

Os voluntários precisam ser cuidadosos e entender que estão no ministério de crianças não apenas para construir um ministério, mas para ter seu chamado e sua vida desenvolvido.

PREPARO DAS AULAS

Ao preparar uma ministração, foque nos 5 "C". Prepare o material trazendo uma palavra para trabalhar o chamado dos voluntários, para instigá-los, para que as verdades ministradas na aula façam sentido primeiro para eles.

Qual material usar? Temos uma infinidade de materiais disponíveis no mercado, mas alinhe o material que você já usa com os 5 "C". Ore muito antes de preparar um material, busque um versículo-chave, trabalhe declarações, entenda que crianças aprendem com repetições e com o decorar de versículos.

No momento do CONECTAR, seja intencional, proporcione brincadeiras ou momentos que favoreçam conectar-se com as crianças. Disponibilize tempo para conversar, para ouvi-las, para brincarem e se divertirem juntos. Administre bem o tempo e procure aproveitar todas as oportunidades que surgirem de forma intencional.

Oferecer para os membros da equipe a oportunidade de darem ideias faz com que se sintam parte e engajados ao ministério e participem mais do preparo das aulas.

No momento do COMPARTILHAR, não se limite a imagens e figuras, ao papel e lápis. Vá além, procure brincadeiras ou atividades que você possa usar para compartilhar a história que deseja. Sempre busque um foco além de contar apenas uma história. Todas as histórias bíblicas são carregadas de grandes ensinamentos e grandes verdades, mas você só terá acesso por meio do Espírito Santo e da revelação dada por Ele, por isso invista na sua intimidade com Ele, no seu tempo com Ele, pois Ele vai falar! Compartilhe testemunhos daquilo que Jesus fez na sua vida e na vida de outros. Lembre-se que o testemunho de Jesus é o espírito da profecia.

O momento do CORRIGIR e CAPACITAR são os de maior vulnerabilidade, pois precisamos sair do controle da aula e passar o controle ao Espírito Santo. É Ele quem falará aos corações, mas não esmoreça se algo marcante e poderoso aparentemente não acontecer. Você não sabe o que está acontecendo nos corações nem vai saber o que vai acontecer nas casas ou na vida das pessoas que tiverem contato com as crianças, mas esteja sempre com seus olhos fitos no Senhor, garantindo que você fez o seu melhor, buscou ouvi-lO em todos os momentos e que a glória seja sempre d'Ele e para Ele.

O momento de CAPACITAR é a parte do desafio do cristianismo e o verdadeiro sentido literal da palavra Igreja: "os chamados para fora". Chamados para trazer transformação para fora das quatro paredes da igreja e invadir os outros montes da sociedade levando um avivamento sustentável através da capacitação sobrenatural para cumprir aquilo que cada criança foi chamada a cumprir.

Vivenciar os 5 "C" durante os domingos sempre é algo muito especial, mesmo quando aparentemente tudo dá errado. Deus sempre fala! Ele nunca falha!

Estamos muito felizes em poder compartilhar com você tudo isso e oramos a Deus para que Ele toque muitas e muitas vidas. Que muitas crianças tenham seu destino destravado e sua vida direcionada. Que muitas igrejas possam entender, de uma vez por todas, que o maior campo missionário que elas têm é o ministério de crianças.

Não por força nem por violência, mas pelo meu Espírito, diz o SENHOR dos Exércitos. (Zacarias 4.6 – NVI)

GERAÇÃO 5.2

~~~

Geração 5.2 é o nome do ministério de crianças da Igreja Monte Sião. E por que este nome?

A passagem em João 6, no livro da Bíblia, relata a história da multiplicação dos cinco pães e dois peixinhos. Naquele dia Jesus estava falando com mais de cinco mil homens e Ele deu orientação para seus discípulos alimentarem a multidão. Um discípulo chamado André (vs.8) enxergou uma criança e soube conduzi-la para entregar tudo que ela tinha para Jesus, seus cinco pães e dois peixinhos.

A quantidade de comida parecia insignificante para alimentar a multidão, mas após ser abençoada por Jesus, houve uma multiplicação que possibilitou alimentar toda a multidão, sobrando ainda muita comida.

Uma criança, com o que ela tinha, mesmo parecendo insignificante, alimentou uma multidão.

O nome "Geração 5.2" foi baseado na história acima.

O tempo que as crianças passam pela Geração 5.2 é uma fase da vida delas onde teremos a oportunidade para levantar uma Geração do Reino, que trará diferença na nossa sociedade, manifestando as obras e o caráter de Cristo.

A Geração 5.2 é um lugar onde as crianças passam, muitas vezes com seus cinco pães e dois peixinhos (motivo do número 5.2), então elas têm um encontro com Jesus, saindo cheias de alimentos para influenciar e alimentar multidões de pessoas.

Na Geração 5.2 queremos ser como André, queremos ser capazes de enxergar até o que parece insignificante em cada criança, proporcionando um encontro das crianças com Jesus para que elas entreguem o que elas têm para Ele e experimentem o poder transformador que somente um encontro com Jesus proporciona. E assim se levantem como a Geração do Reino.

Este livro foi produzido em Adobe Garamond
Pro 12 e impresso pela Gráfica Promove sobre
papel Pólen Natural 75g para a Editora Quatro
Ventos em maio de 2024.